漫步西山

祝子晖 李春旺 编著

中国工人出版社

序

《北京市“十三五”时期加强全国文化中心建设规划》（以下简称《建设规划》）中提出：今后5年，北京将发挥京津冀地域相近、文脉相亲的地缘优势，统筹推动长城文化带、运河文化带、西山文化带建设，实现历史文化遗产连片、成线整体保护。其中，西山文化带以“三山五园”为核心，通过对西山范围内的不可移动文物开展文物治理修缮，组织单位及居民搬迁以及对社会开放等措施，进一步恢复香山“二十八景”历史文化景观。由此可以看出，北京市委、市政府对北京西山文化给予了高度重视，并希望借“西山文化带”的保护与开发，加速首都文化中心的建设。

就“西山文化带”而言，这里有两个关键词，一个是西山，另一个是文化带。西山本身有“大西山”与“小西山”之分。“大西山”是北京西部山地的总称，北起昌平区南口关沟，南抵房山区拒马河谷地，西部达北京与河北省交界处，东至北京小平原，大致涵盖北京昌平、门头沟、房山、海淀、石景山和丰台6个行政区域。“小西山”的范围大致是今六环以内、北京城西北的部分山地。“大西山”更趋于地理意义，而“小西山”更趋于文化意义。作为全国文化中心的北京，建设西山文化带，不能也不应将西山的范围局限于“小西山”。《建设规划》中特别指出，西山文化带要以“三山五园”为核心，进一步恢复香山“二十八景”历史文化景观。但是，西山文化的内涵其实是非常丰富的，不仅包括“三山五园”、香山“二十八景”历史文化景观，还应包括古道文化、古村落文化、宗教文化等，甚至还应包括表象自然实则具有深刻文化内涵的西山地质文化。

所谓西山地质文化，主要指位于西山地区，由地质工作者调研发现、广泛应用于经济建设、学术研究、形成地学理论以及地学教育等诸多的地质遗迹。之所以把西山地质遗迹称为不可移动的文化遗产，是因为北京西山地区是我国最早运用近代科学知识开展地质调查研究的地区之一，北京西山的地层名称对华北地区乃至整个中国影响巨大，如下马岭组（创名于门头沟区雁翅镇下马岭）、杏石口组（石景山八大处杏石口）、双泉组（石景山八大处双泉寺）、东狼沟组（丰台区辛庄—大灰厂—羊圈头以北的丘陵）、坨里组（房山区坨里）、夏庄组（丰台区夏庄）、长辛店组（丰台区长辛店）、周口店组（房山区周口店猿人遗址）、马兰组（门头沟区清水河谷马栏村对岸的马兰黄土）等，许多经典的地质遗迹已被写入教科书或著名的地学文献中。此外，我国很多著名地质学家以北京西山作为工作研究的起点，发表了一大批有价值的调查研究成果，在国内外地质学界产生了重要的影响，代表和体现了近代我国地质研究的水平，某些领域居于世界领先地位。北京西山是中国地质学家最多关注和考察的地方，也是中国最早培养地质人才和开展地质研究的基地，因此被称为“中国地质学的摇篮”。西山地区的地质遗迹，不仅本身具有深刻的文化内涵，其中的许多主体文化，如古道文化、古村落文化、宗教文化等，也都有其形成与发展的地质背景，挖掘其自然表象下的文化内涵，对地学研究、地质科普和地质旅游具有重要意义。

因此，“西山文化带”建设，可以将“小西山”“三山五园”及香山“二十八景”作为文化核心区建设，把“大西山”诸多古道文化、古村落文化、宗教文化、民俗文化等作为泛文化带建设，特别是将西山地质文化纳入西山泛文化带的建设中。本书主旨就是想在北京市关于三个文化带规划建设的基础上，以文化旅游的方式对“西山文化带”中地质文化以及西山泛文化带中的主体文化及其产生的地理背景，特别是西山泛文化带中的地质文化进行必要的补充或说明。通过阅读、游览，公众能够理解西山文化带建设的必要性，在提高广大公众人文素养的基础上，加强对这些地质遗迹资源的合理开发与保护，并扩大北京旅游项目，进一步促进北京地区的经济发展，使“西山文化带”的发展建设收到更好的效果。

本书在写作过程中，得到首都师范大学、北京地理学会、中国工人出版社的大力支持；李小娟教授、李京教授、刘晓萌老师、王越教授、孙冬虎研究员，朱祖希教授、葛忠雨主任、王宁女士帮助尤多；编写中，引用的有关资料，因篇幅所限，恕不一一开列作者和书目，在此一并致谢。

祝子晖　李春旺

2020 年 8 月

目录

第一章　沧海桑田话西山........................001

第二章　西山地质之美..........................057

第三章　西山乡村之美..........................115

目录

第四章　西山古道之美 187

第五章　西山风景之美 249

参考文献及指导读物 321

北京西山的北界为居庸关的关沟，这是一条西北—东南走向的通道，东南端始于昌平区南口，向西北经过居庸关到达八达岭关，是北京通往河北和内蒙古高原的重要通道。

第一章　沧海桑田话西山

▲ 北京西山山地

北京境内的西部山区统称北京西山，属太行山的余脉。北京西山主要包括今门头沟区全境和房山区、石景山区、海淀区、昌平区的部分山地。

北京西山的北界为居庸关的关沟，这是一条西北—东南走向的通道，东南端始于昌平区南口，向西北经过居庸关到达八达岭关，是北京通往河北和内蒙古高原的重要通道。在古代，横穿太行山有八条重要的通道，称为“太行八陉”，关沟是太行山最北端的通道，被称为“军都陉”。军都陉同时也是燕山山脉与太行山脉的分界线，其东北侧为燕山山脉，西南侧为太行山脉。北京西山的南界是房山区的拒马河谷地。

西山——地质学家的摇篮

北京西山地质遗迹众多，遍布西山全境，许多经典的地质遗迹已被写入教科书或著名的地学文献中。北京西山地质现象异常丰富，是中国地质学的发源地。

20 世纪之前，地质科学还没有在中国出现，但对中国的地质调查却已悄然开始，来自德国、俄国、美国、日本、瑞典等国的学者踏上了这片神奇的土地。这些人来到中国进行地质调查工作，不排除他们是为着科学研究的目的，但是当时的中国极度贫弱，腐败的统治、科学和技术的落后，使中国处于任人宰割的境地。列强们开着军舰，架着大炮纷纷来到中国，其目的就是要分一杯羹。因此，在当时到中国进行地质调查的外国人中，有些是怀有不可告人的目的的，而那时的中国，还没有国人在自己的国土上进行地质调查的先例。

翻开北京西山地区地质学调查和研究的历史，可以看到在清朝末期，对这一地区的地学考察主要由一些国外来华人士进行。

据文献记载，1849 年，俄国人科瓦列士斯基随东正教第 13 届驻北京传教士团到达北京，并停留 7 个月。在其所著的《中国旅行记》一书中，对京西及周边煤田地质和采煤业作了很多记述。科瓦列士斯基也因此成为最早在北京西山进行地质和矿产调查的学者。正是这个科瓦列士斯基，回国后被沙俄政府任命为特命全权代表，负责对华通商交涉。1851 年 8 月 6 日，他代表沙俄政府签署中俄不平等条约《伊犁塔尔巴哈台通商章程》。在第二次鸦片战争期间，他担任俄外交部亚洲司司长，从我国攫取了大片

▲ 俄国人最早进行京西煤田考察的地区（圈门里）

▲ 外国地质学家先期考察的斋堂地区

领土。

1863 年，美国地质学与考古学家庞培里受清政府之邀，开始在今门头沟圈门地区、斋堂地区和房山一带开展煤田地质勘查，重点是福桃、矾山、斋堂、香山、大槽、门头沟（现门头沟圈门地区）、房山、坨里等地的煤矿。他将西山的地层粗略地划分为三大系，还提出含煤岩系与灰岩间存在沉积间断，对煤层进行了简单的评价和煤质化验，采集了一些煤样和植物化石标本，搜集了不少官方矿业档案等资料。庞培里是第一位在京西门头沟区采集煤样和植物化石标本的外国地质学家。

1869 年 7 月、1870 年 6 月、1871 年 9 月，德国地理学家、地质学家李希霍芬曾先后三次到北京从事地质调查。在玉泉山、南口、斋堂等地做了比较详细的工作，开展了对北京西山地区的地层、地质构造、岩浆岩等方面的研究并提出了自己的看法。李希霍芬认为庞氏在地层划分上存在着某些错误,并于1882年将“震旦”一词首先应用于地层方面，进一步将西山地层层序下部建立了震旦系剖面，细分为十层。李希霍芬是第一位以京西门头沟区地名来命名地质术语的地质学家。

1895—1899 年，时任北洋大学矿冶科教师的美国地质学教育家德雷克，曾带领学生在京西琉璃渠（村）、抢峰坡一带开展地质和煤田考察，并发表报告。他是第一位指导学生到京西门头沟进行野外地质实习的教师。

1909 年，德国青年地质学家梭尔格受聘担任京师大学堂新成立的地质学门教习（教授），他是在我国大学中讲授地质学这门课程的第一人，在中国早期地质学发展中，是对国内学者影响较大的西方学者之一。1910—1912 年，梭尔格在教课之余，多次赴北京西山开展野外考察，绘制了该地区 1/20 万的地质图。

北京西山与中国的地质事业

在世界近代历史的舞台上，中国扮演了一个弱者的角色，不得不受制于人。这样的局面也激发起中国知识阶层科学救国的决心和行动，中国地质事业也正是在这种背景下产生的。

1912 年，当时的南京临时政府在实业部矿务司下设立了一个地质科，这是中国近代史上第一个地质机构，代表了中国地质事业的开端。作为中国地质事业的开创者，章鸿钊、丁文江等人深刻认识到，中国的地质调查事业必须以教育事业作基础，培养专门的人才。在章鸿钊、丁文江等的努力下，1913 年北洋政府实业部创办了地质研究所，简称地质所，并于 1916 年迁入兵马司胡同 9 号（即现在的兵马司胡同 15 号）。这是中国最早的一个培养地质专业人才的学校，虽然这所学校的校址是借用的，开办的时间只有三年，毕业的学生也仅此一期共 22 人，但这 22 人却是中国人自己办学培养的第一批地质专业人才。星星之火，可以燎原。这 22 名学生没有辜负章鸿钊等人的期望，以科学救国为己任，

▲ 我国地质学家在兵马司胡同15号院合影（前排左起：翁文灏、章鸿钊、丁文江）

成为中国地质事业的开创者。

地质学是一门实践性非常强的学科，为适应当时中国地质工作的急需并培养应用人才，地质研究所在教学中坚持理论结合实际，不仅注重课堂的理论学习，而且更重视应用和实践。在地质研究所三年的教学计划中，共安排了 11 次野外实习，这其中有 9 次是在北京西山进行的。

北京西山除了地处京郊、交通方便，更具有得天独厚的野外地质实习和考察地的条件。这里的地质现象齐全、明显，山区与平原交接地貌景观对比清晰，是大自然赐予的天然“地质实习室”。从地质研究所开始，北京西山就成为学生进行地质实习的首选之地。时至今日，这里仍然是中国地质大学等高校的实习基地，国内许许多多的地质专家，都曾从这里起步；这里也是开展青少年地质科普的园地，通过夏令营、野外实践等活动，对学生进行地质科普知识的启蒙。正因为北京西山与中国的地质事业有着不解之缘，因而被称为“中国地质工作者的摇篮”。

我国地质工作者在北京西山的足迹

从 1914 年 7 月至 1915 年 11 月，地质研究所的学生在章鸿钊、丁文江、翁文灏等人的带领下，采用集体或分组的形式对北京西山地区进行了 9 次实习考察。考察所经之地包括当时宛平县的斋堂、门头沟、三家店、杨家屯、碧云寺、卧佛寺、玉泉山、温泉寺、王平村、模式口、潭柘寺、戒台寺等地；房山县的万佛堂、周口店、坨里、长沟峪等地；昌平县的南口、青龙桥、八达岭等地。在调查中发现了梭尔格所作地质图的不妥之处，并测制八达岭—居庸关—南口剖面，将覆盖于片麻岩之上的石英岩及含硅质石灰岩称为“南口系”，划归元古界。

1916 年夏，叶良辅等 22 人从地质研究所毕业，其中 18 人任职于地质调查所。在所长丁文江部署下，从这 18 人中抽派 13 人进行西山区域地质调查，于 1918 年春完成了 1/5 万西山地质填图的测制工作。这是北京西山历史上第一次集体进行的大规模地质调查行动，前后历经三年，对西山的地质构造作了全面系统的研究，在地层划分上更正了李氏和梭氏的错误。这次调查的成果，一是完成了 1/10 万的西山地质图，二是由叶良辅执笔完成了《北京西山地质志》。该书于 1920 年由地质调查所出版，它既是我国地质学家的开山之作，也是京西地区第一部系统的区域地质志。

1922—1924 年，在北京大学任教的美国学者葛利普详细研究了南口灰岩中的叠层石，将震旦系限定为前寒武系中未变质的沉积岩系，即李氏震旦系的下部，将其归入古生界最早的一个系。同一时期，赵亚曾、杨钟健等也对南口地区构造与地形特征进行了研究，进一步丰富了该区的地质研究内容。

1927 年，黄汲清对军庄一带的寒武系和奥陶系地层进行了较详细的划分和对比，奠定了西山下古生界地层工作的基础。

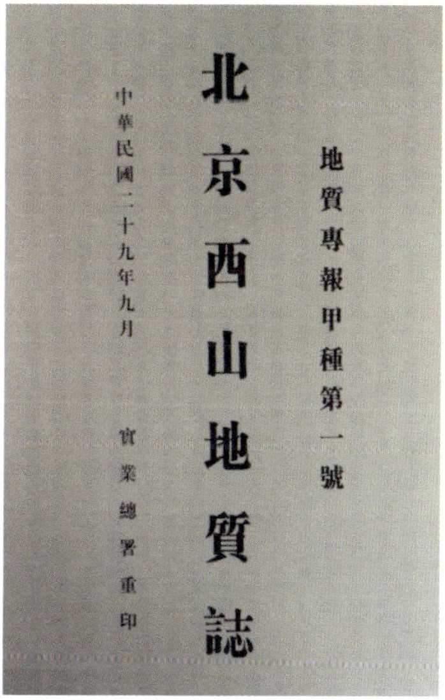
地質專報甲種第一號

北京西山地質誌

中華民國二十九年九月

實業總署重印

▲《北京西山地质志》扉页

▲ 军庄一带奥陶系灰岩

1928 年，杨曾威、李春昱、黄汲清、朱森等研究了杨家屯煤系的沉积特征，将它划分为上中下三层，并与石盒子系、山西系和太原系进行对比。同时，王恒升探讨了妙峰山、髫髻山一带火成岩的火山喷发顺序及其时代。

1929 年，裴文中等在研究周口店第四纪洞穴堆积及脊椎动物化石时，于 12 月 2 日发现了第一颗完整的中国猿人头骨化石。这一发现立刻震撼了世界科学界。随后，1930 年又相继发现了许多石器和用火的痕迹，从而使周口店古人类遗址闻名于世。

20 世纪 30 年代早期，北京西山的地质研究工作主要是由中央地质调查所组织，在谢家荣、王竹泉的指导下，重点开展区域地质填图。1932 年开始，在西山填绘了 10 幅 1/2.5 万的地质图；在谢家荣的指导下，熊永先等编制了 1/5 万的西山地质图稿（1935 年）。此外，北大学生刘清香、周家俊（1933 年）测制了 1/2.5 万的房山县幅、横流水及坨里幅地质图，这期间地质工作者们对北京西山地区作了不少专题研究，研究取得了许多新的有关西山地区地质的成果。

1934 年高振西、熊永先和高平等测制了青白口、北峪沟、下苇店和横岭—镇边城剖面，确定了我国北方中上元古界的标准剖面，首次提出将震旦系三分为南口群、蓟县群和青白口群，并指出南口剖面相当于蓟县剖面的下部，并附有采自南口地区的叠层石图版，当时根据蓟县剖面建立的地层群、组名称，大部分沿用至今。自 1939 年李四光称南口和蓟县剖面为中国前寒武系的经典剖面后，它们在我国中上元古代地层研究上占有重要地位。

1935 年，张文佑在昌平龙山的高氏景儿峪灰岩顶部层位中发现了三叶虫化石，从而命名为昌平灰岩，并认为震旦纪与寒武纪的分界线应在下马岭组与景儿峪组之间。

1935 年，陈恺、熊永先研究了 29 个剖面，对西山的地质构造作了全面分析，发现该区存在逆掩断层，并编制了北京西山地质构造略图。

1936 年，熊秉信在杨家屯煤系下部页岩中发现有孔虫化石，建立“清水涧页岩层”，相当于本溪系。1937 年，李四光指出清水涧层较本溪系层位略高，但仍属中石炭世，应命名为“清水涧系”。

1936—1937 年，谢家荣发表“北京西山地质构造概说”，将燕山运动划分为五幕，代表了当时西山构造地质研究的水平。

这一时期，北京西山地区岩浆岩的研究亦有所发展。1936—1937 年，何作霖对房山花岗闪长岩体和下苇店等地区花岗岩体进行了深入的研究，并探讨了岩体中特大晶斑的成因问题。同时，杨杰在“北平西山几个地质问题”中讨论了九龙山系前、红庙岭系后的火山作用。这期间，裴文中、贾兰坡等人仍继续进行古人类的研究和发掘工作，发现了“山顶洞人”的头盖骨及其他脊椎动物化石，发表了一系列的论文和著作，取得了又一批重要成果。

▲ 蓟县系叠层石化石

▲ 清水涧页岩层

随着研究的不断深入，1937年地质调查所北平分所地质矿产陈列馆增辟了一个西山地质陈列室，主要由贾兰坡、李悦言布展。据文献记载：“西山地质陈列室内墙上悬有西山地质剖面图、西山地质图、西山地质构造图，以及西山地质柱体剖面图，足以供人认识西山地质及构造之大略情形。更以各时代内之标准化石，以及各种火成岩分门别类，详为陈列，亦可使人对西山地质得明朗之概念。”由此可知，这一轮西山地质测图的大规模活动，所取得成果之丰硕，足以修撰一部新编《北京西山地质志》。

1937年抗日战争爆发至1949年新中国成立，由于连年战乱，中国地质工作者少有人去西山工作。

新中国成立后，北京西山的地质研究开始了大规模的系统工作，开展了许多综合性地质调查，一大批地质工作者从不同方面进行专题研究，发表了大量的论文和专著。

20世纪50年代，除在周口店地区进一步发掘北京猿人和山顶洞人遗迹外，相继有王述平、王嘉荫、杨杰等人对西山的侵入体和火山岩进行了岩石学的研究；王日伦、贾兰坡、孙殿卿、郑剑东等人对第四纪冰川现象和地质构造亦作了较为深入的探讨。这期间在地层方面也取得了新的进展，孙云铸重新划分了高氏提出的景儿峪组，将其中的豹皮灰岩底部列作震旦系与寒武系的分界，并确定两者之间为不整合接触关系，命名为“蓟县运动”。1958年，北京矿业学院完成了北京西山1/5万区域地质测量，对该区煤系地层的研究取得了新的进展。同年，北京地质局成立，大力开展了地质填图工作和物化探工作，取得了较全面系统的基础地质资料，如划分了太古界变质岩系，建立了地层层序，系统研究了中生代火山岩，划分了中生代岩浆岩的侵入期次。20 世纪 60 年代，主要有马杏垣、强祖基、臧胜远、梁玉左、邱家骤、王人镜等人对西山地区的地质构造和岩石进行了较深入的专题研究；李四光、孙殿卿、汤英俊等人进一步研究了西山地区的第四纪冰川遗迹。

20 世纪 70 年代，乔秀夫在研究南口十三陵剖面的基础上提出将青白口群三分为下马岭组、龙山组和景儿峪组，并认为青白口群与南方震旦系大致相当，提出下马岭组与铁岭组之间存在沉积间断，命名为“芹峪运动”。这期间，李东旭运用地质力学观点提出周口店牛口峪旋转构造。同期，北京地质研究所在完成 1/20 万和 1/5 万区测工作的基础上，编制了 1/10 万“北京市地形地质图”，1976 年北京市组织地震会战，出版了 1/10 万的《北京地区活动构造体系图》《北京地区构造体系图》和《北京地区主要断裂调查报告资料汇编》以及北京地区地壳形变等专题研究资料。赵澄霖等人在研究十三陵剖面的基础上提出对中上元古界划分为三个系，十二个组的方案。1979 年，为纪念北京猿人头盖骨发现 50 周年，开展了周口店北京猿人遗址多学科综合研究，系统地总结了周口店地区新生代地层、古人

▲“芹峪运动”不整合面

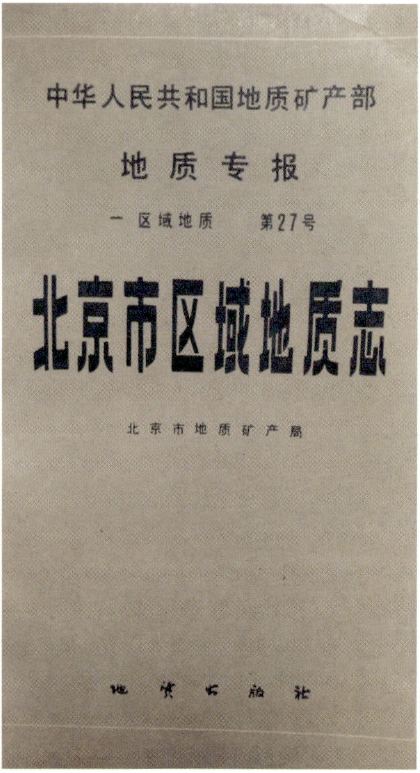

▲《北京市区域地质志》封面

类动物化石、孢粉、岩溶洞穴、古土壤和年代学，并于1985年出版了专著《北京猿人遗址综合研究》。这些研究成果使北京西山的地质研究又有了进一步的提升，为首都北京的建设提供了重要资料。

20世纪80年代以来，随着对西山地区研究工作的深入，不少地质工作者对该地区的地质构造和侵入岩体提出了一些新观点和新看法。在地层古生物研究方面，陈芬等对西山含煤岩系中的植物群进行了系统的分析和研究。此外，北京地质局、地质科学院等单位和一些学者，如宋天悦、高健、肖宗正、孟祥化等，对南口十三陵剖面进行了岩石、古生物、地层等方面的深入研究。在1982年晚前寒武纪的地层划分和命名会议上，将中国晚前寒武纪地层进一步确定为中上元古界，自下而上沿用“长城系”“蓟县系”和“青白口系”，并重新规定了各系的代号。在地质构造方面，宋鸿林论证了北京西山的印支运动。王鸿祯和乔秀夫进一步论述了中国中上元古界年代划分和华北大地构造格局。1991年，北京地矿局组织编写了《北京市区域地质志》；2001年出版了《北京志·地质矿产志》；同年，在总结过去研究的基础上，鲍亦冈主编了《北京地质百年研究——北京地区基础地质研究的历史与最新成果》。这些工作从不同方面对西山地质进行了深入的研究。

地质学家与北京西山

北京西山与中国的地质事业有着密切联系，曾经在北京西山考察、研究、学习和工作过的地质学家不胜枚举，他们的足迹遍布北京西山地区的山山水水，在这里我们仅介绍他们当中的几位。

章鸿钊（1877 年 3 月 11 日—1951 年 9 月 6 日），中国地质学和地质教育事业的奠基人之一，中国地质学会创始会员，第一届理事长。

作为中国第一代地质教育事业大师，章鸿钊门下高足如云，桃李满天下。在北京地质研究所工作期间，他同丁文江、翁文灏等带领学生实习、考察，足迹遍布整个西山地区。他主编的《地质研究所师弟修业记》（与翁文灏合编）把地质研究所师生三年学习期间，在北京西山地区及其他几省进行实习所写的 69 篇地质调查报告加以整理汇编，于 1916 年由中华书局出版，是我国第一部区域地质专著，也是第一位汇编北京西山区域地质实习报告而成书的中国学者。

丁文江（1887 年 4 月 13 日—1936 年 1 月 5 日），丁文江是中国地质学和地质教育事业的奠基人之一，中国地质学会创始会员，第二、六届理事长。他终生以“登山必到顶峰，移动必须步行”“近路不走走远路，平路不走走山路”为科学考察的准则，被誉为“20 世纪的徐霞客”。他不仅坚持不懈地身体力行，并以此谆谆教导学生。在地质研究所和北京大学教学期间，给师生印象最深刻的是他格外注重实地考察。他向同事倡议，每星期前后二四日间，分组赴京郊等地实习，他往往亲自带队前往西山指导。

1916年夏，时任地质调查所所长的丁文江派遣叶良辅等13人再赴西山，完成1/5万的地质填图。调查结果经丁文江等指正，于1920年出版了我国地质学的开山之作——至今仍价值不凡的传世名著《北京西山地质志》。

翁文灏（1889年—1971年1月27日），著名地质学家和地质教育家，中国地质学会创始会员，中国地质学会第三、五、九、十八届理事长。他是中国第一位地质学博士，1914年写出由中国人所著的第一部《地质学讲义》，1919年出版第一张全国地质图。他还著有在中国地质学史上具有开创意义的《甘肃地震考》《中国地震》《中国山脉考》等一系列重要文章。翁文灏于1926年首次提出了著名的“燕山运动”概念，作为中生代大规模造山运动的命名，并进行了阐述。

在地质调查所及在北大、清华任教期间，翁文灏多次带领学生在北京西山等地考察实习，1920年出版的《北京西山地质志》中的火成岩一章就为翁文灏所著。从1932年起，翁文灏与谢家荣、王恒升、王竹泉等教授率领北京大学地质系师生二十余人，在四个夏季中，对西山地区进行1/5万地质填图，取得一系列新成果。

安特生（1874年7月3日—1960年10月29日），瑞典地质学家、古生物学家、文化人类学家、考古学家，中国地质学会创始会员。1914 年，安特生应聘来华，任北洋政府农商部矿政司顾问。在中国工作的 12 年间，安特生除了开展煤田以及其他矿产调查，还用了很大精力进行古生物学、文化人类学、考古学的研究，先后发表了具有较大影响的论文、专著 60 篇（部）。

安特生对京西地学的贡献大而且多。在地质研究所工作期间，他曾协助丁文江、章鸿钊、翁文灏等培训我国地质人才，并经常带领学员到北京西山进行野外地质调查。他所创立的一些地学名词蜚声中外，沿用至今。如以门头沟区地名命名的马兰期、板桥期、马兰阶地（今作马兰台地）等；最有名的“马兰黄土”也与安特生的研究直接关联。1914—1918 年，安特生曾三次到斋堂调查煤矿，并绘有 1/10 万的地形图。他对于斋堂附近地形进行详细研究，马兰期这个重要的地文期就是在此期间提出的。

叶良辅（1894 年 8 月 1 日—1949 年 9 月 14 日），中国地质学家、岩石学家、地貌学家、地学教育家，中国地貌研究的奠基人之一，中国地质学会创始会员。1913 年考入北洋政府农商部地质研究所，师从丁文江、章鸿钊、翁文灏及顾问安特生等名师，是中国自己培养出的最早的地质科学家之一。

1916 年，受地质调查所所长丁文江委派，与同所 12 名同事分组勘测西山一带地形地质，完成了 1/5 万的西山地质图，最后由叶良辅综合成图，并主编《北京西山地质志》。该书于 1920

▲ 斋堂马兰黄土剖面

年出版，是我国最早的也是当时最完善的一份区域地质调查报告。叶良辅在此书中，创立了若干地质术语。尤其是一些地层名词，都是以西山地区的地名来命名，如下马岭层、杨家屯煤系、红庙岭砂岩层、门头沟煤系、九龙山系、髫髻山层等。它们之中有的沿用至今，有的则几经调整（如下马岭层、九龙山系、髫髻山层等，今改为下马岭组、九龙山组、髫髻山组等），已经成为中国地质学上的著名术语。

作为中国学者撰写的第一部区域地质志，《北京西山地质志》堪称开山之作。中国科学院院士、地理学家黄秉维说："叶先生的《北京西山地质志》是我读的最早而又读的最多的一种资料，印象较深。""我背着叶先生的地质志和地质图，跋涉于门头沟、斋堂之间时，叶良辅三字常常浮现于脑海之中……"可见《北京西山地质志》一书对地理工作者所起的作用之大。

李四光（1889 年 10 月 26 日—1971 年 4 月 29 日），中国当代著名地质学家，地质力学创建人，中国地质学会创始会员。1920 年，李四光回国任北京大学地质系教授并任农商部科长，在地质调查所与丁文江、章鸿钊、翁文灏一起工作，担任北京大学地质系主任、中央研究院地质研究所所长。新中国成立后，任中国科学院副院长、地质部部长，长期领导全国地质工作。作为科学家，李四光在地质学上的贡献是多方面的，尤其在地质力学、中国第四纪冰川地质学方面具有开创之功。他还是一位杰出的教育家，长期在北京大学执教，培养了一大批著名的地质学家。

李四光在地质调查所及任教中，足迹遍及西山地区。他对北京西山地区的地质多有研究，著有“清水涧页岩之层位”等研究论文。在他所著的《中国第四纪冰川》一书中，也谈及北京西山地区的第四纪冰川遗迹。

黄汲清（1904 年 3 月 30 日—1995 年 3 月 22 日），中国大地构造学和石油地质专家，被称为“中国石油之父”。1924 年入北京大学地质系，师从李四光教授等。黄汲清在北京大学学习地质期间，曾多次到北京西山进行实习和野外考察，成果累累。1927—1928 年，他先后发表了“北京西山寒武纪及奥陶纪地层”“北京西山杨家屯煤田地层地质之考察”“北京西山辉绿岩之研究”等与北京西山相关的地质论文。

黄汲清在大地构造学、石油地质学、地质制图、古生物学、地层学和中国地质学史等方面均有建树。他创立的多旋回构造运动说奠定了中国历史大地构造学的基础。

西山的地壳演化史

就西山地区而言，地壳演化大概经历了 30 亿年。在这漫长的地质历史时期，西山地区的地壳演化大体经历了三个大地构造阶段，即地台基底形成阶段、地台盖层发育阶段和大陆边缘活动带发展阶段。上述三个大地构造阶段主要是通过五次重大的地质事件，即阜平运动、五台—吕梁运动、印支运动、燕山运动和喜马拉雅运动完成的。

地台基底形成阶段

这个阶段包括太古代和早元古代，从距今19.5亿年，可以追溯到30亿年以前。这是地壳历史中最漫长最古老的阶段。在距今25亿年前后的太古代末期，西山地区所在的华北地区发生了一次重要的地壳运动，这是本地区地壳演化过程中的第一个重要地质事件，被称为“阜平运动”。

阜平运动以后，因地壳经过多次岩浆喷发和侵入、结晶凝固、强烈挤压、地下物质贯入和混合，以及广泛的区域变质作用，地壳逐渐由薄弱趋向坚硬，由活动趋向相对稳定，从而使原始的“陆核”发展成“雏地台”，地壳构造进入了一个新的发展阶段。

西山地区内虽未见太古代地层出露，但根据其区域构造位置，可判定其构造演化特征与整个华北地区基本一致，在盖层之下存在结晶基底。基底中发育近东西和南北两组断裂构成棋盘格式构造。特别是前者，断裂规模较大、切割深，对元古代的沉积具有控制意义，这是形成本地区南隆北拗构造格局的主要原因。

早元古代末期，即距今19.5亿年前后，本地区又发生了一次重要的构造运动，这也是本地区地史发展过程中的第二个重要的地质事件，被称为“吕梁运动”。通过这次事件，我国北方广大地区，包括华北、东北南部以及朝鲜等地，地壳进一步硬化和稳定，由“雏地台”转化为“地台”，这片相对稳定的地台叫作“中朝地台”，而西山地区所处的位置便是它的一部分。至此地台基底已基本固结形成，并由此转入了地台盖层的发育阶段。

地台盖层发育阶段

自中元古代开始，历经晚元古代、古生代及中生代初期的早、中三叠世，西山地区在地台基底上沉积了厚度不同的各个时代的岩层，其中包括石英砂岩、碳酸盐岩、碎屑岩等，从而使地壳变得越来越厚了。这就好像在已经打好的地基上添砖加瓦盖房子一样，所以将地台基底上累积起来的岩层，叫作地台盖层。这个随着时间发展而逐渐沉积的阶段，叫作地台盖层发育阶段。因此，这期间各时代地层之间常为整合和平行不整合关系。

中元古界长城系顶部高于庄组海相碳酸盐岩和少量碎屑沉积岩，是西山地区出露最古老的地层。从中元古代至三叠纪，在其上部的各系、组地层，无论海相地层还是陆相地层，它们的接触关系均为整合、平行不整合关系。由此可见，由于地台基底已经比较坚固稳定，西山地区在长达15亿年的时期里一直处于稳定的升降运动状态，这一阶段构造活动、火山活动和岩浆活动都很微弱，只有整体平稳的海陆变迁，而没有明显的水平挤压运动，

▲ 中元古界海相沉积整合接触地层

▲中元古界与古生界地层之间沉积间断的不整合接触关系

▲ 西山地区三叠纪末印支运动遗迹

▲ 古生代大羽羊齿化石

不过由于地壳发展的不平衡性，地台上的升降运动以及由此而引起的海陆变化还是相当频繁的。

水平上升并出现规模不等的沉积间断主要表现在长城系与蓟县系之间、蓟县系与青白口系之间、青白口系与寒武系之间、寒武系下统与中统之间、奥陶系下统与中统之间、奥陶系与石炭系之间。应当看到的是，在整体的升降运动中仍存在着局部运动速度或幅度的差异。

在元古代至早古生代，当时西山一带为海水所淹没，成为华北陆台上海槽的一部分，即李四光所称的古华夏大向斜的北部，亦称燕辽坳陷带。这个早古生代以前的古海洋一直继续到寒武纪和奥陶纪，沉积着厚层的石灰岩和页岩。

从奥陶纪末到早石炭纪，包括志留纪和泥盆纪整个时代在内，是海水退出的时期。这一时期本地区以上升造陆运动为主，侵蚀作用盛行，没有什么沉积物。

从中石炭世到早二叠世，是西山地区从海洋向陆地转化的时代。由于地势低平，多呈近海平原和沼泽湿地，再加上气候潮湿温暖，因此到处生长着茂盛的蕨类植物，如鳞木、芦木、大羽羊齿、栉羊齿、楔羊齿、科达树等，密林似海、郁郁葱葱，石炭—二叠纪也被称为蕨类时代，这是造煤的重要时期。西山地区在清水涧组、灰峪组、岔儿沟组中含有很多可采煤层，形成了京西重要的杨家屯煤系以及与其相伴的黏土矿层。

从早二叠世后期，直到晚二叠世，西山地区继续抬升，地势差异显著，气候日趋干燥，陆生植物减少，先后沉积了以灰、黄色为主的粗碎屑岩和以肉红、砖红色为主的石英砂岩等，煤层也绝迹了。

进入中生代，西山地区继续为大陆干燥环境，但地壳开始有些活动，有比较强烈的中酸性岩浆山喷发活动，形成了火山碎屑和沉积碎屑岩建造，有轻微变质现象，除下部外化石稀少，这套地层称双泉组，时代属下、中三叠统。

在距今 2.05 亿年前后的中三叠世末，西山地区和全国广大地区一样发生了一次重要的构造运动，即影响西山地区的第三个重要地质事件，称为“印支运动”。从西山地区晚三叠世杏石口组、早侏罗世南大岭组与下伏地层的微角度不整合可以看出，西山地区印支运动主要表现为二期，其运动方式已从垂直升降运动改变为以水平运动为主。在近南北向挤压应力作用下，横岭—沿河口断裂表现出强烈活动，其东盘大幅度上升，同时沿河城断裂也呈现高角度逆断活动。由于基底断块不均衡升降，形成了青白口穹隆和下苇甸穹隆。在穹隆构造中发生了中基性—酸性岩浆侵入活动。这一时期沉积环境有从平原河流向山间盆地转化的趋势，气候更趋干燥炎热，极不利于生物的生存与发展。

印支运动的发生宣告了古大地构造格局的最后完成和结束，

并从此步入一个崭新的大地构造发展阶段，即大陆边缘活动带发展阶段。

大陆边缘活动带发展阶段

这一阶段包括中生代（除去早、中三叠世）和新生代，共约2亿年。印支运动以后，原来南北对峙的冈瓦纳大陆和劳亚大陆解体，中国大陆这时在太平洋板块、特提斯海（后期为印度板块）和西伯利亚地块（欧亚板块的一部分）的共同作用下，滨太平洋的大陆边缘带构造运动空前活跃，其中燕山运动和喜马拉雅运动是地史发展过程中最近的两大地质事件。

中生代燕山运动对西山地区影响较大，时间是从晚三叠世开始，延至白垩世，表现为强烈的断褶和岩浆活动，形成了一套复杂的陆相火山—沉积岩系。燕山运动在西山地区可划分为以下三期。

早期：在早侏罗世初期，地壳应力状态转为近南北向拉张，沿河城断裂南盘在重力作用下垮落，形成正断层。百花山—庙安岭向斜核部的下拗和断陷也开始形成，发育了南大岭火山喷发活动。之后在其断陷盆地中堆积了800余米的陆相含煤建造，及500米以上的中侏罗世火山碎屑沉积岩系。中侏罗世末期，地壳发生挤压收缩，中侏罗世以下地层发生褶皱，形成百花山—庙安岭向斜及伴生断裂，构造线方向为北东70° ~ 80° 。

在早、中侏罗世，气候温暖潮湿，在盆地里生长着苏铁、银

▲ 早侏罗世初期南大岭火山喷发山地

▲ 晚侏罗世形成的九龙山向斜

▲ 管坨岭冰川漂砾

杏、松柏一类的裸子植物密林。中生代已进入裸子植物的时代，然而在一些阴湿的地面上也繁殖着像枝脉蕨、锥叶蕨等蕨类植物。这些植物为形成煤层提供了必要条件，使侏罗纪成为又一个重要的造煤时代，在西山地区形成了门头沟煤系。

中期：西山地区地壳应力状态转为北西—南东向拉张，南部拗陷作用达到高潮，这是沿河城断裂最主要的一期活动，其垂直落差达 1—1.5 千米，并发育了大量分支断裂。从而导致了髫髻山期中性火山岩的大规模喷发，堆积于北东东向复式向斜的核部，与下伏中侏罗世地层形成角度不整合接触。晚侏罗世末期，应力场转为北西—南东向收缩，形成百花山、庙安岭、九龙山—香峪向斜及伴生断裂，同时侵入形成上苇甸花岗闪长岩、炭厂花岗斑岩等一系列小型岩株。这些褶皱走向为北东 50° 左右，为宽缓的箱形向斜，多叠加于燕山早期形成的复式向斜之上。

晚期：早白垩世初，地壳再次由挤压转化为伸展状态，西山地区西部紫荆关构造岩浆岩带处于强盛时期，受其扭动的影响，沿河城断裂正断活动强烈，发育了北北东向火山断陷盆地，主要有东岭盆地、上大水盆地和杜家庄西的杜家庄—镇厂盆地。火山作用以大规模酸性岩浆喷发为特征，夹有以洪积为主的沉积物，形成厚约 2000 米的火山—沉积岩系。与下伏地层呈明显的角度不整合接触。中白垩世末，地壳收缩，形成北北东向褶皱，轴向为北东 20° ~ 30°，并发生碾台岩体、白羊石虎岩体等一系列中酸性岩体的侵入，结束了燕山旋回的发展历史。

晚白垩世和新生代的地壳运动被称为喜马拉雅运动。这一时期西山地区总体处于抬升风化剥蚀状态，形成现在河谷深切、沟壑纵横的地貌形态。特别是在第四纪短短的几百万年里，许多沉积物都还保持着松散和半松散状态，但其间却发生了地史上的三起重大事件：一是在世界许多地方大规模地出现冰川，称为第四纪冰川。门头沟区的鲁家滩、赵家台、斜河涧，石景山区的八大处、模式口等地也发现了冰川遗迹。二是第四纪期间在华北、西北以及世界其他一些地方堆积了成分以粉砂为主的黄土。西山地区的黄土以晚更新世时期的堆积为主，称为“马兰黄土”。一般认为，马兰黄土是干冷气候条件下风力作用的产物，马兰黄土的堆积反映了当时的气候条件。三是第四纪出现了人类，这是生物界演化史上破天荒的大事。周口店地区于 1929 年首次发现了北京猿人头骨化石，其生活时代距今大约 70 万年。后来又在同一地点发现了属于新人阶段的“山顶洞人”，其生活年代距今大约 3 万年。到了第四纪，自然界包括生物界，已经和今天基本相同。

认识西山的岩石

一块岩石就是一本书，能告诉我们它来自哪里、已经在此地生活了多久、当初这里是陆地还是海洋、有什么花草鱼虫、哪座山有煤、哪座山有铁……

虽然岩石的面貌千差万别，但是从它们形成的环境，也就是从成因上来划分，可以把岩石分为沉积岩、岩浆岩和变质岩三大类。这里，我们简单介绍一下这三类岩石在西山的分布情况。

沉积岩

沉积地层在西山地区发育比较齐全，主要出露有中元古界长城系、蓟县系；上元古界青白口系；古生界寒武系、奥陶系、石炭系、二叠系；中生界三叠系、侏罗系、白垩系及新生界第四系。常见岩石主要有：

硅质条带白云岩，所属地层：蓟县系雾迷山组（Jxw），距今约 13 亿年。岩性以白云岩为主，硅质岩（燧石条带）次之，泥质岩最少。

灰色粉晶白云岩，所属地层：蓟县系铁岭组（Jxt），距今约 11 亿年。岩性为含砾屑白云（灰）岩、含锰白云（灰）岩及黄绿色页岩。

灰黑色页岩，所属地层：青白口系下马岭组（Qnx），距今约 10 亿年。主要分布于房山、门头沟、昌平与延庆地区。岩石以页岩、粉砂岩为主。

中层状石英粗砂岩，所属地层：青白口系长龙山组（Qnc），距今约 9 亿年。岩石组合下部为砂（砾）岩、页岩，上部为紫红色页岩。

黄绿色微晶灰岩，所属地层：青白口系景儿峪组（Qnj），距今约 8 亿年。岩性以浅灰、紫红、蛋青及黄绿等杂色泥灰岩、硅质泥晶灰岩及含泥晶灰岩为主。

灰色白云质灰岩，所属地层：寒武系昌平组（$\in_1c$），距今约 5.3 亿年。主要分布于北京西山的门头沟区和房山区境内。主要岩性为豹斑状白云质灰岩（泥晶灰岩）。

紫色粉砂质泥岩，所属地层：寒武系毛庄阶（$\in_2m$），距今约 5.13 亿年。主要分布于北京西山的门头沟区和房山区境内。主要岩性由碳酸盐岩、碎屑岩及泥岩组成。

灰色泥粉晶灰岩，所属地层：奥陶系冶里组（O_1y），距今约 4.9 亿年。本组分布于门头沟区丁家滩一带及房山部分地区。以厚层细粉晶灰岩（白云质灰岩）为主要特征。

灰色粉晶白云岩，所属地层：奥陶系亮甲山组（O_1l），距今约 4.8 亿年。本组以泥质条带泥晶灰岩为主，含燧石条带粉晶白云岩。

泥粉晶灰岩，所属地层：上下马家沟组（O_2x+sh），距今约 4.6 亿年。岩性以含砂泥晶白云岩、角砾状泥晶灰岩、粉晶灰岩为主。

粉砂岩、砂岩，所属地层：石炭系清水涧组（C_2q），距今约 3.2 亿年。由黑色页岩、粉砂岩夹砂岩组成，偶夹薄层泥灰岩。

砾岩，所属地层：二叠系岔儿沟组（P_1ch），距今约 2.9 亿年。本组以黑灰色、黑色砂岩、含砾砂岩和砾岩为主，夹有煤线。

含砾砂岩，所属地层：二叠系红庙岭组（P_2h），距今约 2.7 亿年。本组以砖红、黄褐与灰白色厚层—块状含砾砂岩为主，夹灰绿色粉砂岩与灰黑色粉砂岩或页岩。

紫红色岩屑砂岩，所属地层：三叠系双泉组（P_2–T_2s），距今约 2.45 亿年。本组以紫红色岩屑砂岩、粉砂岩、黏土岩或灰绿色凝灰质砂岩为主。

安山质角砾岩，所属地层：侏罗系髫髻山组（J_3t），距今约 1.5 亿年。本组主要由熔岩及火山碎屑岩组成。多分布在门头沟区百花山向斜及髫髻山向斜地区。

灰绿色砂砾岩，所属地层：侏罗系后城组（J_3h），距今约 1.4 亿年。本组岩性以紫红色细—粉砂岩及凝灰质角砾岩为主。

流纹质熔结凝灰岩，所属地层：白垩系东岭台组（K_1d），距今约 1.3 亿年。本组主要由流纹质熔结凝灰岩、凝灰质粉砂岩及安山岩、球粒流纹岩等组成。

马兰黄土，所属地层：第四系马兰组（Q_3m），距今约 2 万年。主要分布于北京西山永定河支流的阶地与谷坡上。主要岩性以灰黄或棕黄色粉砂质黏土为主，粒度均匀，多孔隙，不含或少含砾石。

除了以上常见的沉积岩岩石，西山地区还分布有以下几种典型岩石：

风暴岩，在门头沟区下苇甸发育的一种极具观赏性的岩石。它的成因是当岩石处于半固结状态时，由风暴潮掀起大陆架上的

▲ 青白口西—含粒砂岩

▲ 爨底下—杂色泥灰岩

▲ 水闸—砾岩

▲ 担礼—风暴岩

沉积物，汇聚由风暴潮离岸流搅起的海滩沙，形成向海方向的异重流，当风暴减弱时，在风暴浪基面之下形成的岩石被称为风暴岩。风暴岩的沉积构造应具有冲刷面和典型的丘状层理。通过研究风暴岩，可以恢复古地理形态和古气候环境。

鲕粒灰岩，是一种以鲕粒为主要成分的石灰岩，它是兼具化学和机械成因的岩石，形成于碳酸盐过饱和状态的海、湖波浪活动地带或潮汐通道水流活动地带。鲕粒的形成是由于波浪或潮汐作用引起水介质搅动，使碎屑颗粒处于悬浮状态，同时促使二氧化碳从水体中逸出，过饱和的碳酸钙围绕碎屑颗粒沉淀结成一圈包壳，这样周而复始地搅动，便形成具有一圈圈同心纹包壳的鲕粒，当鲕粒达到一定大小，其质量超过波浪、水流搅动的能量，便堆积在海底固结成鲕粒灰岩。鲕粒灰岩在门头沟区非常发育，是古生界寒武系、奥陶系重要的岩石类型，主要出露在野溪—下苇甸及法城口一带。鲕粒灰岩不仅具有极好的观赏性，而且也是一个很好的科普教材，通过了解鲕粒的成因，可以判断、恢复古地理环境。

竹叶状灰岩，是一种典型的砾屑灰岩。其形态是椭圆形扁平砾石平行层面排列，砾屑大小不等，一般长几厘米，砾屑边缘常见一层黄色或紫红色的氧化铁质圈。在垂直切面上，砾石形状似竹叶故名竹叶状灰岩。它的成因是由于岩石在半固结状态下，被海浪打碎，破碎的砾屑在波选的环境下被打磨成竹叶状，随后被碳酸盐岩胶结而成。所以，竹叶状灰岩形成于潮汐波浪活动频繁的潮坪海滩地区。竹叶状灰岩是古生界寒武系、奥陶系重要的岩石类型，主要出露在门头沟区野溪—下苇甸及法城口一带。由于竹叶状灰岩具有美观的颜色和不同样式的结构，所以可作为建筑饰面材料。同时竹叶状灰岩也是一个很好的科普教材，通过了解岩石的成因，可以分析和恢复古地理环境。

豹斑灰岩，因具有黄色、褐红色不规则斑纹的石灰岩，貌似豹斑而得名。一般情况下，岩石基质部分由隐晶方解石或微晶方解石组成，斑纹部分含较多的白云石。斑纹中的白云石是岩石在成岩过程中发生白云石化形成的。豹斑灰岩主要出露在门头沟区野溪—下苇甸及法城口一带，同样也是古生界寒武系、奥陶系重要的岩石类型。除了具有极好的观赏性，豹斑灰岩还是一个科普教材，通过了解豹斑的成因，可以判断古海水的化学成分，恢复古气候环境。

岩浆岩

岩浆岩包括喷出岩与侵入岩。喷出岩在北京西山地区分布广泛，如著名的百花山、妙峰山、清水尖等山峰和沿河城、杜家庄等地都是由火山岩组成的。侵入岩主要呈带状分布于西山地区百花山向斜、青白口半穹隆、髫髻山向斜、下苇甸穹隆核部等地，全部是燕山期岩浆活动的产物，规模都比较小。

▲ 南大岭—玄武岩

▲ 棋盘岩—辉长岩

▲ 卧龙岗—千枚岩

分布在西山地区的喷出岩主要有以下两种：

玄武岩，所属地层：侏罗系南大岭组（J_1n），距今约 2 亿年。主要分布于门头沟区清水至房山区抱儿水以及门头沟区南大岭—石景山区模式口一带。具气孔及杏仁构造，以辉石、橄榄石等暗色矿物为主。

安山岩，中生界岩层，距今约 1.6 亿年。安山岩是中性喷出岩的代表岩石。主要分布于门头沟区的西部山区。呈斑状结构，斑晶以中性斜长石及普通角闪石为主。

分布在西山地区的侵入岩主要有以下五种：

辉长岩，中生界岩层，距今约 2 亿年。主要分布于门头沟区与河北省交界处。辉长岩为基性深成岩，主要矿物是基性斜长石和辉石，还有少量的橄榄石和角闪石。岩石颜色为黑色或黑灰色。常呈小规模深成侵入体或岩盘、岩墙、岩床等产状。

石英二长岩，中生界岩层，距今约 1.6 亿年。主要分布于门头沟区碾台及白羊石虎。石英二长岩为花岗岩类岩石之一，是由大致等量的碱性长石、斜长石及较多石英组成的一种深成岩。其化学成分介于花岗岩和花岗闪长岩之间，是二者的过渡类型。

花岗闪长岩，中生界岩层，距今约 1.6 亿年。主要分布于房山区及门头沟区上苇甸。花岗闪长岩是一种显晶质酸性深成火成岩，是花岗岩类向闪长岩类过渡的中间类型岩石，一般表现为粗粒状。花岗闪长岩在地球上的分布很广。

石英斑岩，中生界地层，距今约1亿年。主要分布于门头沟区斋堂、林了台、双石头、灵水等地。石英斑岩是一种具有流纹岩成分的隐晶质岩石。斑晶以石英为主，还有少量透长石或正长石及黑云母。石英斑岩多呈脉状产出。

闪长玢岩，中生界岩层，距今约2.4亿年。主要分布于门头沟区雁翅、芹峪等地。闪长玢岩为中性浅成岩，具斑状结构，基质为细晶或隐晶结构，斑晶为中性斜长石及普通角闪石，颜色多为灰色及灰绿色。常以岩床、岩墙等产出。

变质岩

变质岩在房山区以及门头沟区的部分地区均有分布，主要集中在门头沟区鲁家滩、赵家台、卧龙岗、王村、小龙门等地，岩性主要有板岩、千枚岩和大理岩等。代表岩石有：

板岩，是由黏土岩、粉砂岩等经轻微变质而成的浅变质岩。岩性均匀致密，敲之发清脆响声，具板状构造特征。板岩可劈成石板，做建筑材料用。此类岩石多出露于北京西山地区，元古界上部至中生界侏罗系。

千枚岩，是一种比板岩变质程度较深的岩石，片理面上呈丝绢光泽，有红、灰、黄、绿、黑等色。由页岩、粉砂岩或中基性喷出岩等变质而成，属于低温和较强应力下的低级变质产物。千枚岩在西山地区，主要分布在门头沟、丰台等地。

大理岩，是由碳酸盐岩（石灰岩、白云岩等）经热接触变质作用重结晶而成的岩石。在北京西山地区主要分布在房山东部和中部地区。

典型地层创西山

地层是在地壳发展过程中形成的各种成层岩石的总称，它真实地记录了地球演化的地质历史，是一本大地史书。地层有上下或新老的关系，就像书页有前后，但地壳运动会改变地层的面貌，如同一本页序混乱，甚至残篇断节的书，要想读懂就需要重新考证、梳理。因此地质研究要选择标准的地层剖面，也就是那些出露完整的、顺序正常的、接触关系清楚的地层，对其进行划分并对地层中的岩性等进行对比分析。用这些不是文字却胜似文字的“记录”，解读该区域地质历史时期的地理特征，破解地球曾经发生的变迁。

作为中国近代地质学的发源地，北京西山地区在古地理学、古生物地层学、层序地层学方面的研究成果非常丰富，不少地层与古生物的研究成果闻名中外。这些成果既是对西山进一步研究的基础，也对全国其他区域的研究具有重要的参考意义。

西山地区地层研究始于20世纪初叶，当时中央地质调查所研究人员在深入野外研究、地质填图的基础上，初步确定了西山地层的代表性岩石共9组，后来又不断补充完善，成为我国地质工作早期的重要成果之一。

在西山地区创立的岩石地层有：

下马岭组。1916年填制西山1/5万地质图时，由卢祖荫、李捷等在填图时命名；1920年被叶良辅等记录在《北京西山地质志》中。创名地点在雁翅镇下马岭，原称“下马岭层”。该组为一套由灰色、灰绿色、灰黑色页岩和粉砂岩组成的岩石。1934年，高振西等在蓟县地区进行野外工作时，将此名引入著名的蓟县中、新元古界剖面，并将下马岭组和景儿峪组归入青白口系。正层型剖面位于门头沟区雁翅镇青白口村西沟（115° 47′ 48″ E，40° 01′ 06″ N。1980年由汪长庆等重测），次层型剖面位于蓟州骆驼岭至老鸹顶（117° 25′ 55″ E，40° 04′ 40″ N。由陈晋锦等于1963年测制）。2007年，高林志等在门头沟区大村获得了下马岭组斑脱岩的高精度测年数据，为距今约13.8亿年至13.6亿年。该数据明显不支持下马岭组属新元古界的传统认识。2008年，高林志等在河北宣化地区的赵家山剖面得到的斑脱岩年龄数据进一步证实了上述观点。2012年，全国地层委员会颁布的中国地层表把下马岭组从青白口系分出，暂列为待建系。这是我国北方中、新元古代地层研究的重大突破。

龙山组。源自北京地质学院（现中国地质大学）郝论纯（1954）命名的“龙山砂岩”，由她带领学生实习时于昌平龙山

▲ 下马岭组

▲ 龙门组

▲ 髫髻山组

建组。龙山组为一套砂岩、砾岩和页岩组合，下部为砾岩、含砾含长石石英不等粒砂岩和粉砂岩，上部为紫红、黄绿色页岩夹薄层海绿石细砂岩。正层型剖面位于昌平区龙山（116° 13′ 32″ E，40° 14′ 36″ N。乔秀夫于 1976 年重测）。

昌平组。原称“昌平灰岩”，张文佑（1935）在昌平区龙山发现了三叶虫，由此创名。这是一套灰色、灰黑色厚层—块状豹斑状粉晶—泥晶白云质灰岩、厚层细粉晶—泥晶灰岩及灰质白云岩，为北京地区显生宇的第一个地层单位，开始产出三叶虫、腕足类、棘皮类和软舌螺等动物化石。正层型剖面为昌平区龙山剖（116° 13′ 43″ E，40° 14′ 41″ N）。原始剖面非常粗糙，北京市地质局延昌勘察队于 1962 年重测。

南大岭组。叶良辅等在《北京西山地质志》（1920）中记述为“门头沟煤系”中的“南大岭辉绿岩”。1961 年第一轮《1 ： 5 万石景山幅、良乡幅区域地质测量总结报告》中创名为南大岭组。以门头沟区官厅—阳坡元南大岭组剖面为正层型（116° 00′ 22″ E，39° 55′ 41″ N。由北京地质学院 1959 年在开展 1 ： 5 万石景山幅、良乡幅区调时测制）。

窑坡组。王竹泉、计荣森（1933）在北京西山门头沟进行煤田地质调查时，将叶良辅等所划分的侏罗纪“门头沟煤系”细分为“下窑坡系”“上窑坡系”及“龙门系”。北京地质学院（1961）合称“窑坡组”，再分上下两段。《北京市岩石地层》（1996）

认为“上、下窑坡组”的岩石和特征一致，沉积作用连续，合称“窑坡组”，时代归属为早侏罗世。

龙门组。王竹泉、计荣森在《北平西山门头沟煤田地质》（1933）一文中创建“龙门系”，创名地点在门头沟区龙门村北山坡。当时将“龙门系”作为一个地层单位单独划分出来，主要依据是岩性特征上的差异，其底部的一层砾岩厚10米以上，称“龙门砾岩”。《北京市岩石地层》（1996）将其时代归属为中侏罗世。正层型剖面位于门头沟区岳家坡村北（116° 02′ 55″ E，39° 05′ 22″ N。由王竹泉、计荣森1933年测制）。

九龙山组。1916年赵汝钧、叶良辅等调查时发现，在《北京西山地质志》（1920）中创名，创名地点位于门头沟区九龙山。原始定义是“谓九龙山系者，整合于门头沟煤系之上，由紫绿色之砂岩、页岩与砾岩交互成层，而其中不夹煤层者也”。现定义为一套灰紫和灰绿色陆相火山碎屑沉积岩。正层型为门头沟区岳家坡南山剖面（116° 02′ 55″ E，39° 05′ 52″ N。北京市地质调查所于1987年重测）。

髫髻山组。由卢祖荫、李捷等在填图时发现，被叶良辅等记录在《北京西山地质志》（1920）中，创名地点位于门头沟区刘公沟。该组整体为一套以中性粗安质熔岩、角砾凝灰岩等火山喷出岩为主，夹有凝灰质砂岩、凝灰质砾岩等的火山岩地层。与下伏九龙山组火山碎屑沉积岩为不整合接触，与上覆土城子组则为整合接触。正层型剖面位于门头沟区田庄村东南（115° 54′ 05″ E，40° 04′ 50″ N），该剖面为北京市地质调查所区调一队于1990年在原命名地重测而得。

马兰组。《北京西山地质志》（1920）中，将发育在马兰阶地的黄土，按时代划分为晚更新世“古黄土”和晚更新世以后的“新黄土”两层。1974年6月3日杨钟健在马兰台指出，马兰台是安特生、巴尔博取名，可能取名时指的是对面斋堂的黄土；同时，将“马兰组”时代置于晚更新世。代表剖面为东斋堂剖面。

震旦系。震旦纪是地质年代的名称，为元古宙晚期的一个纪，是在中国命名并向国际推荐的一个地质年代单位。其开始于约8亿年前，结束于约6亿年前。这一时期形成的地层称震旦系。震旦为中国之古称，源于佛经，古印度人称东方中国为震旦国（见于《佛说灌顶经》“阎浮界内有震旦国”）。

最早将“震旦”一词作为专门的地质学术语提出的是美国地质学家庞培里。1863年，庞培里受清政府的邀请，对京西煤田进行了调查研究。在考察中，他发现我国东部地区山脉走向和山体结构，基本呈北北东—南南西向，他认为这是一种极为特殊的现象，并将这个方向的构造线命名为“震旦方向”。在庞培里1867年发表的关于中国、日本等地质考察研究一文中，对“震旦方向”有着详细的论述。

在庞培里提出“震旦方向”之后，德国学者李希霍芬又将“震旦”一词引入了北京西山的地层系统，称震旦系。李希霍芬先后两次赴北京西山进行地质考察：1869 年调查玉泉山及南口地质、1871 年调查斋堂地质；从而改进了庞培里西山地区地层三分的观点，将西山地区地层细分为 13 层。其中震旦系便包含在这重新厘定的 13 层地层中。1922 年，德裔美国地质学家葛利普在《中国地质学会志》上发表“震旦系”一文，对李希霍芬在北京西山提出的震旦系进行了重新厘定，并正式提出震旦系是系一级的地层单位。1923 年，田奇瑰研究北京南口附近震旦系剖面后，发表了《南口震旦纪地层和古生物》一文，系统论述了该剖面的层序、化石、地层，将南口剖面确立为我国北方震旦系的经典剖面。

任何一次事件、任何一粒矿物或一块岩石的形成和演化，都要经历数百万年甚至数千万年的周期。对于这些变化，我们既无法借助于前人的文字记载，也无法依靠实验室还原。要想解读地壳运动，就要到大自然中寻找、观察地壳运动留下的种种“痕迹”。

第二章　西山地质之美

▲ 陇驾庄南岩层褶皱

地壳从来都不是静止不变的，我们现在看到的地表形态只是几十亿年地壳运动过程中的一个画面。引起地壳及其表面形态不断发生变化的作用，称为地质作用。按其能量来源，地质作用可分为内力作用和外力作用。沧海桑田、海枯石烂，千姿百态的地表形态都是内外力共同作用的结果。

地球自形成以来已有46亿年的历史，在漫长的地质时期，地球表面曾发生过不止一次的翻天覆地的变化。但其中任何一次事件、任何一粒矿物或一块岩石的形成和演化，都要经历数百万年甚至数千万年的周期。对于这些变化，我们既无法借助于前人的文字记载，也无法依靠实验室还原。要想解读地壳运动，就要到大自然中寻找、观察地壳运动留下的种种“痕迹”。

西山岩浆活动遗迹

沿河城古火山口

在中生代侏罗纪时期，永定河大峡谷中下游几乎全部处在火山盆地当中，著名的有髫髻山、妙峰山、九龙山—香峪大梁、东岭、上大水等火山—沉积盆地。这些火山爆发时期有早有晚，其喷发形式有线性喷发、中心式喷发和裂隙式溢流，岩性及岩石化学成分也千差万别。随着1亿多年的岁月流逝，新的地质活动使这些古老的火山盆地大多沉埋地下或早已面目全非。保存最好、形态最完整的是沿河城火山盆地，又叫东岭盆地。这是中生代白垩纪张家口期形成的火山盆地，还有保存较好的火山结构。

保存完好、形态清晰的古火山口就坐落在沿河城卫生院内。该火山结构位于东岭火山盆地北缘的沿河城卫生院一带，恰处于横岭—沿河口北西向断裂带与沿河城北东向断裂带交汇部位。这是张家口组三段火山岩喷发过程中，岩浆沿断裂构造交汇部位，以爆发的形式冲出地表形成的，其平面形态为一不规则椭圆形，火山口面积不足1平方千米。这个“小字辈”古火山口规模虽然不算大，但年龄距今已有9774万年。火山口呈向内低凹的形态，中心有一突出的“石墩”也就是岩塞。岩塞的岩性是安山玢岩，呈岩枝贯入在火山口中。这种岩石致密坚硬，但性脆。岩塞原来具有环状节理，但在后期被切割成不规则的尖棱角状碎块。它上面覆盖着浅色安山质角砾集块岩，与火山口中的岩石相同。这些火山岩呈环状分布在火山颈周围，颜色浅，结构比较疏松。它们是火山喷出的末期产物，已经是“强弩之末”，没有力气冲出火山口，只好无精打采地停留其中，伴随着岩塞慢慢地冷却凝固，从此沉睡至今。这是门头沟区内现今保存较完整的中生代中心式古火山口。虽说这座火山不会再喷发了，但看到那些早已凝固的岩浆，不禁让人联想到亿年前炽热的熔岩沿着山坡虽缓慢却又势不可当地流下时的宏伟壮观景象。

火山口既是一种独特的地质遗迹景观，还是一处神奇的旅游景观。通过对火山口的研究可以了解岩浆活动、岩浆特征及构造样式，感受大自然的千百万年的沧桑变化。

永定河大峡谷的岩床

流动性较大的岩浆顺着岩层层理侵入形成的板状岩体称为岩床。岩床主要是由基性岩构成，规模大小不定，厚度从几厘米到几百米，延伸从几米到几百千米。岩体与围岩的顶板和底板是平行的，围岩有时会有轻微的变质现象。

在门头沟区付家台村北，永定河与九河沟交汇处的大峡谷东侧岩壁上，有一处岩浆沿岩层侵入的岩床地质遗迹。岩床为闪长玢岩，围岩为蓟县系雾迷山组的灰色硅质条带白云岩。岩床在形

▲ 沿河城—火山口

▲ 永定河大峡谷—岩床

▲ 龙门口—岩墙

成过程中，岩浆沿沉积岩的薄弱环节——层理不断侵入，随着侵入作用的加强，岩浆的内部压力逐渐减小，岩浆会在一定范围内沿岩层层面停滞下来，随着岩浆的不断冷却，逐渐形成岩浆岩。由于形成岩床的岩浆岩距离地表面相对较浅，成岩过程中冷凝时间相对较短，岩浆内的矿物成分冷凝成矿物晶体的时间较短，因而矿物晶体一般呈隐晶或细晶结构。

永定河大峡谷的岩床现象反映出的就是岩浆沿层理面侵入的结果。

龙门口的岩墙

岩浆沿着岩层裂隙或断层贯入而形成的板状岩体称岩墙。岩墙与岩床有很大不同，一是岩墙产状一般较陡，一般为竖直状态；二是岩性比较复杂，基性到酸性的都有；三是岩墙明显切断围岩，呈不谐和接触；四是围岩可能有变质现象；五是由于岩墙和围岩抵抗风化能力的差异，岩墙在地貌上常表现为凸出的山脊。

在门头沟区斋堂镇龙门口村附近的刘家峪沟南侧，有一处岩墙侵入现象。岩墙为闪长玢岩，围岩为青白口系下马岭组的砂页岩。其形成过程首先是岩浆在高温、高压下沿着沉积岩的节理（裂缝），不断向上运移；在运移过程中，岩浆穿透沉积岩的层面向上喷涌，并将沉积岩的岩层向岩浆运移的方向拖带，使沉积岩的岩层产生明显的弯曲，这种现象一般称为牵引褶曲。

向上侵入的岩浆，因逐渐接近地表不断冷凝而形成了浅层侵入岩——岩墙。

岩墙与岩床一样，也具有隐晶或细晶结构。

西山地区典型褶皱与断层遗迹

妙峰山的箱式褶皱

在门头沟区妙峰山镇陇驾庄村东的永定河东岸岩壁上，赫然写着“妙峰山”三个大字，透过这三个大字，会发现河东岸岩壁的岩层发生了明显的弯曲。该岩层为奥陶系马家沟组灰岩，其在初始形成过程中为海洋环境下碳酸钙沉积，沉积层基本为水平状态，受固结成岩作用的影响，海洋环境下碳酸钙沉积物逐渐形成石灰岩层。受后期地壳运动的影响，海洋中的沉积岩初步抬升出露地表，并在地壳水平运动的作用下，石灰岩又受到来自南北两个方向挤压力的影响，岩层褶皱变形，形成我们看到的顶部略微平坦、两侧略微陡直的箱式褶皱地质现象。

爨底下村附近的断层

在门头沟区爨底下村西附近的公路旁，有一处原本舒缓、呈水平状态的浅色薄层理岩层，突然转变为深色巨厚的沉积岩层，深巨厚岩层与浅薄层岩层之间出现一个纵向断裂面，很明

▲ 陇驾庄村东—箱式褶皱

▲ 沿河城—断裂

▲ 爨底下—断层

显断裂面两侧岩层发生了断裂和位移，即岩层在此处受地壳运动的影响出现了断层现象。该处断层的断裂面倾向西北，呈东北—西南走向。断层的上盘岩层为寒武系昌平组豹斑灰岩，下盘岩层为青白口系景儿峪组杂色泥灰岩，上盘岩层断裂后下滑为正断层。岩层在断裂和移动过程中，下盘景儿峪组浅色薄层的杂色泥灰岩受拉张力的影响，呈显著的向受力方向弯曲状态，牵引褶曲明显。下盘的寒武系昌平组豹斑灰岩受拉张力的影响，出现与断层面呈小角度张节理。不论是从下盘的牵引褶曲，还是从上盘的断层面锐角张节理，均可判断出岩层的上下盘移动方向。断层上下两盘岩层的位移，使不同时期的岩层呈现出相同的位置高度。

沿河城断裂

沿河城断裂发育在双塘涧—沿河城—溜石港一带，断层走向为北东 50° 左右，倾向南东，出露于北东向燕家台复式背斜与髫髻山—百花山复式向斜之间的过渡带。该断裂经历了多期次的活动，有较复杂的相对运动和变形过程。燕山早期在北北西—南南东方向挤压应力作用下，随着北东向褶皱的进一步发展，该断裂以逆时针压剪性破裂出现；燕山中期在北西—南东向挤压应力作用下断裂仍为压剪性，但作顺时针扭动，东盘向西盘上伸，燕山晚期在区域性北西西—南东东向挤压应力作用下，断裂表现为张剪性顺时针滑动，东南盘正断下掉，呈明显的正断层性质。该断裂两盘岩石破碎，发育平行劈理带和次级小断裂，是河北省紫荆关大断裂在北京的延伸部分。断层切割了梁家庄向斜、东岭台向斜和青白口穹隆。新生代以来，断裂的部分地段仍表现出活动性，是一条新生代仍有活动的断裂。

西山古地震遗迹和岩石变质遗迹

庄户洼沙泥火山遗迹

在北京西山门头沟区永定河大峡谷的庄户洼，有一处古地震存留遗迹——沙泥火山。该沙泥火山遗迹为圆丘状，直径约 3 米，圆丘上呈现出同心圆裂纹，明显为沙泥物质从地下涌出结果。出现沙泥火山和液化溢出丘的这套岩层，属于蓟县系雾迷山组，距今 14.5 亿 ~ 15.5 亿年，推算在 14.5 亿 ~ 15 亿年前，这里曾发生过大地震。15 亿年前，北京西山地区是一片茫茫的陆表海，海底很浅也很平坦，容易受海平面变化影响，一时被海水覆盖，一时又暴露出海面，当大地震发生导致沙泥火山在海底喷出后，还没来得及被自然剥蚀，很快就被海沙掩埋保护起来。现在它之所以能够展现在我们面前，就是因为沙泥火山形成后，与周边其他沉积物一起经过漫长的固结成岩作用，形成比较坚硬的灰色硅质条带白云岩。后来又受到地壳运动的影

▲ 庄户洼—沙泥火山

▲ 鲁家河—板岩

响，该地沉积岩抬升为陆地，并在挤压力的作用下形成褶皱山地。由于沉积岩具有显著的层理构造，层面之间紧实度比较薄弱，极易受到流水的侵蚀，将层面以上物质侵蚀掉，使之露出地表。庄户洼沙泥火山遗迹所在的位置，正是褶皱山地的一翼，因为受到永定河水的侵蚀后露出地表，才得以展现在我们面前。

一般现代的液化溢出丘和沙泥火山大都出产在陆相碎屑岩环境，而庄户洼的液化溢出丘和沙泥火山遗迹是在海相碳酸盐浅海环境中出现的，说明陆地与海底发生地震时，陆相碎屑沉积物与海相碳酸盐沉积物的液化机制是类似的，更进一步证明碳酸盐沉积物的沉积过程不是化学沉淀，而是先形成碳酸盐砂或泥，之后才固结成岩。某种程度上，庄户洼沙泥火山遗迹也为全球古地震学领域的研究填补了一项空白。

鲁家河变质岩

在门头沟区鲁家滩南的鲁家河西岸，有一处被废弃了的采石场，该采石场所开采千枚状板岩，具有显著的被“烤”后发生变质的特征。

从该处岩石的成因看，变质前的母岩为中上元古界青白口系景儿峪组的杂色泥灰岩，在区域热变质作用的影响下，一方面受到不同应力的作用，另一方面受到中酸性岩浆侵入活动的影响，使杂色泥灰岩矿物成分出现部分重结晶，并具有板状构造与变余构造，岩石变得致密，板面上具有丝状光泽，部分板面上还具有皱纹构造。这些特征都是岩石经过系列的变质作用而保留下来的变质遗迹。

西山地区的风化遗迹

冯村北坡物理风化遗迹

在冯村北山的坡面上，裸露出较大一片缺少植被覆盖的岩石。从特征上看，该岩石表面有明显的破碎痕迹，由表及里呈层状脱落。从岩性上看，该地岩石为侏罗系南大岭组玄武岩，岩石形成初期火山喷发物冷凝成岩，岩石的特征表现十分坚硬，但后期受气温日变化、年变化的影响，岩石表面热胀冷缩，逐渐破碎剥落。

艾窝南山岩石风化晕

在门头沟区艾窝村南的半山坡，在蛤蟆石及其附近地区的岩石上，存在若干大小、形态不同的风化晕岩石。该处岩石即由二叠系红庙岭组粗砂岩及砾岩构成。这些粗砂岩及砾岩由岩石表面至岩石内部，呈现出大致等距的、不同程度的风化，氧化锰或者氧化铁等矿物质成分则由表及里随水渗入岩石，呈现出近似同心圆形的风化晕。

▲ 冯村北—物理风化

▲ 艾窝南—岩石风化晕

▲ 葡萄咀—生物风化

葡萄咀公路旁的生物风化

在门头沟区葡萄咀的公路南侧，会看到有很多植物在岩壁上生长，其中大部分植物的根系深深地插进岩石的缝隙中。这些植物随着时间的推移，根系会慢慢变长变粗，不断从裂缝内部向两侧挤压岩石，使岩石缝隙逐渐加大，并最终使碎石从岩石本体中脱落，从而造成对岩石的破坏。

西山地区流水与泥石流堆积遗迹

苇甸沟流水堆积遗迹

门头沟区境内的苇甸沟，主要流经上苇甸、岭角和黄土台村，在下苇甸汇入永定河。因苇甸沟从发源地到汇入干流流程较短，河床的坡度较大，流水的搬运能力较强，所以沿河行进就能清晰地看出河流上下游堆积物粒径的差异。从黄土台经岭角村沿苇甸沟溯源而上，还可以清楚地看到河床内的砾石平均粒径越来越大而磨圆度则越来越差的变化，这种变化充分体现出碎屑物在被搬运的过程中，所产生的粒径分异及磨圆过程。这些沉积下来的、不同粒径的碎屑物，在经过若干年的固结成岩作用后，又会变成新的沉积岩石。

▲ 苇甸沟—上游沉积

▲ 苇甸沟—中游沉积

▲ 苇甸沟—下游沉积

灵岳寺泥石流遗迹

1950 年 8 月 1 日至 4 日，门头沟区清水河流域连降暴雨，流域内多处发生泥石流灾害。其中，流域内的灵岳寺及东北山、西北山村地区灾害最为严重，泥石流冲毁北山沟地区全部耕地，冲毁村落房屋 75 间，死亡 21 人。泥石流过后，该地区留存有大量泥石流灾害遗迹。在灵岳寺的下安坨，可以清楚地观察到泥石流发生区上部集水区域（即雨水积聚的地区）以及泥石流的流通沟。在上部集水区域，目前仍存有大量松散风化物、岩屑以及泥石堆积物。沿灵岳寺经宋家村、过连涧，并顺沟而下至东北山村原址，还可观察到泥石流发生的残存断面及不同地形的冲刷与堆积情况。

此处泥石流遗迹是认识冲刷、堆积与地形的关系的最好观察地。到泥石流遗迹进行实地观察，除了可以学习泥石流成因的科普知识，还可以通过实地观察反思人类对环境的破坏、感受大自然宏大的力量，最主要的是可以从实地观察学习避险减灾的方法。

沿河城东部流水与泥石流堆积遗迹

在沿河城村东约 1 千米处的公路旁，存在一处既有“随水行”又曾“随泥行”的双重机械搬运作用下形成的堆积剖面。该剖面下部与中上部有很大差异。颜色上，剖面下部为灰色与黑色；剖面中上部为黄色与粉色。结构上，剖面下部碎屑物的结构为粒径大致均匀，不含泥土，砾石的直径一般为 10 ~ 20 厘米；剖面中上部碎屑物的结构为泥砾混杂，砾石的直径一般为 0.8 ~ 1.5 米。在砾石成分上，剖面下部碎屑物的砾石成分比较复杂，且多为沉积岩；剖面中上部碎屑物的砾石成分则比较单一，为火成岩。在砾石的圆度上，剖面下部砾石有较好的磨圆度；剖面中上部砾石具棱角，圆度极差。

该剖面的顶部与剖面的下部、中上部又有很大不同。在颜色、结构与成分上，剖面顶部与剖面中上部接近，唯一区别就是剖面顶部砾石粒径较小，一般为 2 ~ 10 厘米，含泥量也较少；从圆度看，剖面顶部的砾石圆度，大致介于剖面下部与剖面中上部砾石的圆度之间。

从河流搬运与重力搬运的特征来看，沿河城村东公路旁的该地质剖面具有两种完全不同的机械搬运形式。剖面下部的堆积物具有显著的河流搬运特征，堆积物搬运距离较远，上游的流域面积较大，河流的物质来源丰富。剖面中上部的堆积物具有显著的泥石流重力搬运特征，堆积物砾石较大，泥砾混杂，物质来源于附近山坡。剖面顶部堆积物，因分选和磨圆都较差，且物质来源单一并与附近山坡成分一致，故虽为流水搬运但搬运距离很近，为山坡的流水坡积。

◀灵岳寺泥石流—形成区

◀灵岳寺泥石流—流通区

◀灵岳寺泥石流—堆积区

▲ 沿河城东—河流、泥石流沉积与坡积

因此，在沿河城村东公路旁的地质剖面，具有两种不同的机械搬运形式，且具有三种不同的沉积相，分别是：剖面下部河流相沉积，剖面中上部泥石流沉积，剖面顶部坡面沉积。

西山地区的古冰川遗迹

模式口冰溜面

该地点位于石景山区模式口街以北，永定河引水渠北侧。在小山坡南麓海拔 120 米左右的位置，相当坚硬的下侏罗统辉绿岩表面已被磨光，在磨光面上分布有许多明显不同于构造或滑坡形成的擦痕。地质工作者结合北京西山其他冰川遗迹，确定了这一地质现象为冰溜面。原来此处的冰溜面被坡积层和草木掩盖，直至 20 世纪 50 年代修建水渠时才被发现。磨光面的坡向为 S5° W，坡角约 10° ，擦痕的指向区间为 S12° W ~ S24° E，两者的倾向基本一致。冰溜面经长期风化，表层发育了 3 ~ 5 毫米厚的风化壳，说明它是晚更新世以前形成的。

由于经 40 多年考察者和村民的“频繁光顾”，在它的表面留下不少破损了风化壳的新鲜“伤口”和“伤痕”，但仔细观察还是可以将它们与原始形貌区别开的。尽管如此，因当地没有保存同期的冰碛层与冰溜面相匹配，这类遗迹尚只能视为古冰川作用的一个孤证。目前，在模式口建有中国第四纪冰川遗迹博物馆，是中国乃至亚洲唯一一座建立在第四纪冰川遗迹上的自然科学类博物馆。

管坨岭冰碛层

管坨岭是潭柘寺西南方向的一个低峰，海拔 464 米。定名管坨岭冰期的冰碛层残留在它南边由奥陶系灰岩构成的山脊上，主要为散布的巨砾和砾石，所在高程为 400 到 430 米，高出当地河床约 200 到 170 米。巨砾都是分布于分水岭地带的上二叠统红庙岭组石英砂岩，特别坚硬抗风化。中小砾石的岩性除石英砂岩外，还有辉绿岩、砂岩、砾岩等，但绝无灰岩砾石可觅。砾石间的充填物为紫红色含砂黏泥，但绝大部分已遭侵蚀而散失。砾石的风化都很深，其中辉绿岩者多半呈全风化状，细砂岩砾石有厚度不等的风化圈。巨砾的磨圆较差，多数砾石磨圆中等，但多磨光面和棱面，而小砾石的磨圆较佳。条痕砾石颇多，几乎随手可得，且以细砂岩砾石上的条痕保存最佳。

从石英颗粒表面结构看，冰川作用造成的形貌组合占优势，冰川和流水作用共有的形貌为其次，流水成因的形貌不明显，表明曾经历了强烈的湿热风化作用，据此可以判定这是一套遭长期侵蚀风化而残存的冰碛层。

站在管坨岭上南眺，可以看到鲁家河谷地的峡谷之上存在由谷肩构成的宽谷形态，这应是管坨岭冰期冰川流向山麓的古冰川谷。类似地形在北京西山中常见，一般分布在称之为唐县期的古侵蚀面上。

平原村冰碛层

在南辛房至潭柘寺之间的公路西侧，有一条高出河床 50 到 25 米、由北向南延伸并向下游倾斜的台地，由奥陶系灰岩构成，其上分布 3 到 5 米厚的冰碛层，以平原村以西位置的剖面出露最佳。它以红庙岭组石英砂岩巨砾为主，大者直径可达 2 米左右，中小砾石岩性以辉绿岩、砂岩和页岩居多，常与鲜红色含砂黏泥一起充填于巨砾间隙，或巨砾被鲜红色含砂砾黏泥包裹。它们都经受了颇深的湿热风化，因而灰岩砾石已溶蚀殆尽。

根据对平原村冰碛层中的细粒充填物作石英颗粒表面结构的分析可知，冰川和流水共有的形貌占优势，冰川成因的形貌次之，流水成因者有一定比例，而化学成因的形貌虽相当明显，但不如管坨岭冰碛层突出，说明风化程度较之相对偏弱。由此看来，在平原村冰碛层的形成过程中，有较强烈的流水作用参与，似应属于古冰川的消融碛。其风化程度又表明平原村冰碛层代表的赵家台冰期要晚于管坨岭冰期，两者之间相隔一个河流深切侵蚀和强烈风化的间冰期。

与平原村冰碛层相联系的古冰川，源头有王家坡冰斗和龙潭冰斗，向下游方向过南辛房后终止于鲁家滩洼地。

▲ 管坨岭—冰碛物

▲ 平原村—冰碛物

鲁家滩冰水沉积

鲁家滩西北方向的公路桥北，在鲁家河右岸露出了赵家台冰期的冰水砾石层，约有 2 到 3 米的厚度，下伏奥陶系灰岩基座，上覆厚约 1 米的红色土，顶部为含较多灰岩砾石的河流阶地砾石层。这套冰水沉积中的巨砾和中小砾石的岩性与平原村冰碛层相近，磨圆度都较好，但因长期埋覆而风化程度相对偏低。

通过对石英颗粒表面结构的分析表明，冰川和流水共有成因的形貌占优势，冰川成因者显著减少，流水成因者显著增加，而化学成因的形貌则与平原村冰碛层相似。由此推断，这套堆积物是邻近古冰川冰舌末端的冰水沉积。在鲁家滩洼地的钻孔中，也揭示了它的存在。

大富庄冰碛层

在丰台区大富庄的东边有一个由白垩系构成的丘岗，高点海拔 127 米，北西—南东向伸展，长约 3000 米，宽约 800 米，高出晚更新世次生黄土堆积面 20 到 30 米。丘岗顶部保存着 2 到 3 米厚的冰碛层，大小悬殊的砾石与砂泥混杂，剖面呈深红色，其中常含直径 1 米左右的巨砾，最大者可达 2 米。砾石成分以红庙岭组石英砂岩为主，其次为辉绿岩、砂岩和砾岩等，它们均来自 20 千米以外的鲁家河河源分水岭及其南坡。砾石的磨圆度中等，

▲ 鲁家滩—冰水沉积

▲ 大富庄—冰碛物

少数呈棱角状，也有磨圆很好者。砾石的风化程度因岩性的不同有很大差异，石英砂岩最弱，辉绿岩最强，细砂岩介于其间，并有厚度不等的风化圈。冰碛砾石中缺失灰岩砾石，是长期遭受了强烈风化溶蚀所致，从而也说明冰碛层的剖面结构已非原始状态。

结合对大富庄冰碛层的石英颗粒表面结构的分析可知，冰川成因者占优势，冰川和流水共有者的出现频率也很高，流水成因者占有一定比例。如果将大富庄冰碛层与管坨岭冰碛层的石英颗粒表面结构相比较，可以发现两者的特征基本上是一致的，只是前者的流水作用略强于后者，说明大富庄冰碛层是山麓冰川的堆积，由砾石成分指明的古冰川来路应是鲁家河古谷地。它与管坨岭冰碛层同属管坨岭冰期同一条山麓冰川退缩时先后在山麓和山区的遗迹。

斜河涧冰川遗迹

在门头沟区妙峰山镇斜河涧村的白龙沟，有一块巨大的砾石，岩石表面具有多种冰川痕迹，是一处典型的冰川遗迹。该岩石高5.5 米、长 7 米、宽 6 米，顶部平坦而光滑，表面有无数微小的像被人用坚硬的工具凿过一般的刮擦痕迹——冰川擦痕。

冰川的移动速度一般每年几米到几十米，虽然运动缓慢，但力量极大。受冰川搬运能力的影响，重达数百吨的斜河冰川漂砾，能够从很远的地方搬运至此。不仅如此，白龙沟布满了各种冰川

▲ 斜河涧—冰川漂砾

▲ 下苇甸—沉积旋回

遗迹，如冰川刨面、冰川擦痕、冰蚀坎、羊背石、角峰、忍脊等，冰川移动过程中留下的各种地质遗迹随处可见，是一条完整的冰川谷。这些冰川遗迹为确定北京西山古冰川分布范围、分布特点以及分布规律，研究北京地区古冰川的形成、消融时代以及冰川融化对北京地区气候影响，推演华北地区古气象特点及演化趋向提供了重要的依据，对研究北京地区的冰川演化、古人类生活状况和古人类进化也有重要意义。

西山地区地壳运动的证据

太子墓西的地壳抬升形迹

当地壳上升时，陆地面积扩大，而海洋面积缩小，也就是海水逐渐退出大陆。这时所形成的地层，从垂直剖面上看，自下而上沉积物的颗粒由细变粗；有时，在同一地层剖面上可以看到沉积物颗粒由粗变细，又由细变粗，这种有节奏的、有韵律的变化称为沉积旋回，表明该地区地壳曾经经历了由下降到上升的过程。大多数情况下，当地壳下沉时，岩层沉积厚度较大，保存较好；而当地壳上升时则相反，岩层沉积厚度较小，不易完全保存，有时甚至出现沉积间断，有明显的侵蚀面。但也有的时候，反映地壳上升的岩层并不表现为组成物质颗粒的粗细及厚度大小，而是通过其他地质形迹表现出来。

▲ 太子墓—深海环境
（没有叠层石化石）

▲ 太子墓—较浅海环境
（叠层石化石较小）

▲ 太子墓—浅海环境
（叠层石化石较大）

▲ 太子墓—陆地剥蚀环境
（出现风化壳现象）

在门头沟区太子墓村西近1千米处的公路北侧，有一段保存完好的蓟县系、青白口系剖面。沿剖面由西向东，分别可以看到蓟县系铁岭组无叠层石化石灰色粉晶白云岩、含小型叠层石化石灰色粉晶白云岩、含大型叠层石化石灰色粉晶白云岩及蓟县系与青白口系之间的不整合面（侵蚀面）。由于叠层石的形成与蓝藻生物活动有关，蓝藻又是靠光合作用自养，因而元古代叠层石大都出现在浅海环境。深海区由于缺少光照，蓝藻不能生存，因而没有叠层石发育；较深海域因有部分光照到达，有叠层石发育，但体型较小；浅海环境因光照充足，蓝藻生长条件较好，因而叠层石的体型较大；地壳继续抬升，以致出露水面后，不仅没有沉积还会出现侵蚀面，进而在后期地壳沉降后出现地层的不整合接触关系。从太子墓西的地层剖面可以看出，该区域地层由西向东分别出现无叠层石化石灰色粉晶白云岩、含小型叠层石化石灰色粉晶白云岩、含大型叠层石化石灰色粉晶白云岩及蓟县系与青白口系之间的不整合面（侵蚀面），反映出本地地壳出现过由深海环境到浅海环境，进而到陆地环境的过程。

芹峪运动不整合面

在门头沟区芹峪村西北的公路旁，存在一处蓟县系与青白口系之间地层不整合接触面。引起该不整合面的构造运动就是芹峪运动。芹峪运动中下马岭组与下伏铁岭组之间存在不同角度接触，并在下马岭组底层的不整合面上存在古风化壳，上面有 20 ~ 90 厘米厚的铝土质黏土、褐铁矿及赤铁矿层，填充了灰岩凹凸不平的起伏面上，铁岭组灰岩的古节理均未穿越其顶面的古风化壳。

通过岩性分析可知，铁岭期气候炎热干燥，藻类繁盛，海平面相对变化频繁，退积、进积、加积更替较快，于潮坪—浅海环境接受碳酸盐、砂、粉砂沉积。铁岭期末，受芹峪上升运动的影响，地壳隆升海水退却，并抬升成陆地遭受剥蚀。待下马岭期，地壳呈现出下沉趋势，继承了蓟县纪末坳陷特点发生海侵，使该地区呈现出半封闭的海湾环境，海湾边缘为潮坪单陆屑—镁质碳酸盐建造，形成浅海相还原环境下的灰黑色泥质沉积。下马岭期末，地壳又隆升成陆地。

蓟县系与青白口系之间不整合面反映出当地古地理环境的变迁，相应的构造阶段被命名为芹峪运动。

蓟县运动平行不整合面

在门头沟区下苇甸东侧的公路旁，存在一个青白口系与寒武系之间地层不整合接触面。引起该不整合面的构造运动为蓟县运动。蓟县运动是距今 8 亿年发生在华北地区的又一次大的构造运动，是由我国地质学家孙云铸先生在 1957 年发现并命名的，这次构造运动的遗迹在门头沟下苇甸表现得非常壮观。

▲ 芹峪—芹峪运动不整合面

▲ 下苇甸—蓟县运动不整合面

▲ 灰峪—加里东运动不整合面

蓟县运动是一次地壳隆升。在距今8亿年前，北京西山地区一片汪洋大海，沉积形成了中、新元古代的海相岩石。由于蓟县运动致使地壳抬升，海水消退，使包括西山在内的华北地区成为古陆地。这个古陆地经历了长达2.57亿年的风化剥蚀，造成华北地区普遍缺失震旦系、南华系的沉积。直至距今5.43亿年前，地壳再一次下沉，海水才又重新淹没这一地区，开始沉积古生界寒武系海相岩石。下面的岩层为8亿年前沉积形成的新元古界青白口系景儿峪组泥质灰岩；上面的岩石是距今5.43亿年沉积的古生界寒武系昌平组豹斑灰岩。站在这条不整合地质遗迹面前，可以看到前后相差2.57亿年形成的岩石互相紧密地联结在一起。

加里东运动不整合面

在门头沟区军庄镇郝家房北山，因采石原因，在采石场作业面上出露一处古生界奥陶系灰岩与石炭系粉砂岩、砂岩地层之间不整合接触面。引起该不整合面的构造运动称为加里东运动。加里东运动主要指发生在古生代的构造运动。

进入古生代以后，北京西山地区再次为海水所浸漫，其中尤以奥陶纪时期海侵规模最大，进而沉积了一套以碳酸盐岩为主的海相地层。沉积环境由海洋的潮上潮间带发展为局限海与开阔海交替的沉积环境。随后，受加里东运动的影响，中奥陶世以后，北京西山所在地区地壳逐渐抬升成陆地，先前形成的奥陶系灰岩地层遭受强烈的风化剥蚀，形成了中石炭世时红土风化壳喀斯特——滨海准平原化地貌。在经历了大约 1.5 亿年的时间后，中石炭世再次出现海侵，原奥陶系灰岩面上的铁铝质风化壳物质不断被流水搬运进入浅海环境，进而形成高铁高铝的黏土岩沉积。受不同地区地形状况的影响，中石炭世以后西山地区的沉积环境总体以滨滩—浅海相沉积为主，兼有粉砂质、砂质及砂砾质沉积，从而形成了石炭系粉砂岩、砂岩及含砾砂岩地层。

峰陡洞深的岩溶地貌

岩溶地貌由地表岩溶地貌和地下岩溶地貌两部分组成。其中地表岩溶地貌主要形成溶沟和石芽、落水洞、漏斗、溶蚀洼地、岩溶盆地、干谷和盲谷、峰丛、峰林、孤峰、嶂谷等形态；地下岩溶地貌则形成各种类型、各种形态的岩溶洞穴和由地下暗河侵蚀、冲刷形成的地下峡谷型洞穴。地表岩溶地貌主要赋存在中元古界长城系、蓟县系灰质白云岩中；岩溶洞穴主要赋存在古生界奥陶系、寒武系灰岩中。

龙门涧嶂谷

东、西龙门涧是北京西山地区最长、最壮观的嶂谷，由从灵山东南麓发源的两条山溪侵蚀下切形成。嶂谷两岸岩石为中元古界蓟县系雾迷山组硅质条带白云岩，岩层产状近于水平，岩石中垂直节理发育。经地表流水对急剧抬升的岩层侵蚀，形成了两侧宛如刀切一样直起直落的崖壁，下切深度达百米以上，十分凶险。整个嶂谷随节理延伸方向而转折，但主体走向是北西—东南，总长度达数千米。其中东龙门涧以水景取胜，有黑龙潭、龙泉水和小瀑布等；西龙门涧以险峻著称，山峰多向涧内倾斜，涧内有青龙潭、塔园峰、北西天等胜景。

龙门涧满谷陡崖耸峙、奇洞成排，呈现岩溶地貌景观。涧内峡谷纵横、林木茂盛、怪石耸立；溪水蜿蜒曲折、跌水层层。“将军石”“一线天”“黑龙潭”等数十组景观构成了一条奇异的画廊，尽显大自然之奇妙、鬼斧神工。由于地质构造奇特、内涵丰富，龙门涧被誉为中国“北方的地质博物馆”。

龙门涧的峰林有两个高度；低者约1100米，高者约1500米。涧内的溶洞有四层：第一层距涧底约有2米，相当于现在涧溪的最高水位，是正在溶蚀形成中的溶洞；第二层高约8米，即龙门石窟、千佛崖等较浅的溶洞；第三层发育最为完整，高约28米，包括一系列较大的溶洞，如藏剑阁、遁佛阁和张公洞等；第四层高约75米，剥蚀破坏严重，溶洞均已残缺不全，多数与峰谷连为一体，已看不出溶洞的完整轮廓，峰林与溶洞的不同高度分层也是地壳间歇式抬升的佐证。

龙门涧内溪流随涧由北而南回旋流经15千米，飞瀑和跌水

▲ 龙门涧嶂谷

极为发育，落差小者仅数十厘米，大者数米乃至数十米。另外，由于地层中岩性变化，即在这套坚硬的镁碳酸盐岩中具有较软的含砂质白云岩、白云质砂岩和页岩夹层，导致河流底蚀变化不一，涧溪便出现一系列高度不同的落差陡坎，如龙潭瀑、九龙瀑、燕京小三峡等水潭均由这种落差陡坎形成。涧底巨大的落差和差异风化作用是涧内瀑布和大量跌水形成的根本原因。

东、西龙门涧的岩溶嶂谷狭窄幽长、雄伟壮观、空气清新、叠水长流；峡谷两侧危岩陡壁高耸，是北京最险、最奇、最秀的峡谷和嶂谷景观。由于长年雨水溶蚀，峡谷内鸟兽、人物等象形山石、山峰比比皆是。

南石羊沟峰谷

马套南石羊沟位于门头沟区西北部深山区，是一条纵深近 10 千米的沟谷，地势险要，难见阳光，当地老乡称之为“黑沟”。从进口开始的四五千米内，谷底狭长，沟谷两侧山势险峻、孤峰林立、险峰叠嶂，高百余米，直冲云霄，加之左转右拐，常有立于夹缝之中寻不到出路之感，是大自然鬼斧神工雕凿出形态各异的嶂谷景观。沟谷北有海拔 1448 米的笔架山，南有海拔 1434 米的棋盘山。

谷内有 20 余处独立自然景观。主要由孤峰、丛峰、峭壁、裂隙等溶蚀地貌及河流侵蚀地貌组成，其中一线天、昼夜谷、旗

▲ 南石洋沟孤峰

杆山等都是典型的岩溶地貌。沟谷中还发育有许多象形山石，均为内外力共同作用的结果。

距今 18 亿年前，这里还是一片大海。由于地壳变动历经海平面升降变化，由滨海沙滩环境至开阔陆表海的潮间—潮下环境，各种藻类大量繁殖，形成不同沉积环境下的分布广泛、厚度巨大的白云岩，构成了马套南羊沟主要地层岩性。

南石洋沟地层产状较缓，岩层内发育大量叠层石。叠层石是一种生物沉积构造，是在浅海潮间—潮下带沉积环境下，藻类大量繁育，受阳光照射和温度变化影响，昼夜生长速度差异较大，形成如树木年轮一样在颜色、厚度、密度等特征上区别明显的纹层。这些特征不同的纹层交替叠加，形成明暗相间的波纹状被记录在岩石中，就是我们现在见到的叠层石。

爨头处的落水洞、地下管道与干谷遗迹

在门头沟区斋堂镇爨底下的爨头附近，碳酸盐岩分布较广，受气候条件的影响，这里岩溶地貌广泛发育。不仅嶂谷众多，还发育有溶洞、地下管道、落水洞、干谷等。小北沟经柏峪流至爨头处，原本河水在此流经古道南侧地表，后由于地下管道（一线天）的发育，小北沟的河水从落水洞（地下管道的西侧入口）转入地下，使南侧的地表河道演变为干谷，经顶部干谷上的河水向下侵蚀与溶蚀作用，以及地下管道里的流水侵蚀与溶蚀作用，使地下

▲ 爨底下—千谷

▲ 房山银狐洞

管道顶部的岩石发生崩塌，逐渐形成现在的一线天。沿一线天行进，出落水洞右转沿古道继续前行，即可见岩溶地貌古河道的遗存——干谷。

房山、门头沟地区岩溶洞穴

北京西山广泛发育的碳酸盐岩在漫长的地质变迁中形成了众多的溶洞。比较知名的有房山区的石花洞、银狐洞、云水洞，门头沟区的八奇洞、仙人洞等。其中八奇洞是北方地区地下空间最大的地下溶洞，其长有1350米，洞深500余米，洞底面积超过20万平方米，空间近千万立方米。洞体深邃幽长，依次排列有三个各具特色的洞穴大厅，逍遥厅恢宏、至乐厅空灵、宇宙厅开阔。洞内以地下河冲刷而形成的独特奇观闻名，尤其是由地质作用形成的褶皱“8”字浑然天成，堪称教科书级的地质变迁记录写照，配合化学沉积作用形成的石笋、鹅管、石钟乳、石幔等，造型生动、形象逼真。

不同成因的沟谷及地貌形态

任何地貌形态的形成，均为内、外力共同作用的结果。其中，外力的流水作用对沟谷的形成，进而对地貌形态的塑造，起到了重要作用。

沟谷发育的最初雏形也就是河谷发育的初始阶段，往往和所在位置的岩石风化程度及被侵蚀的速度有关。而岩石的风化程度以及被侵蚀速度又与岩石的性质及外部条件密切相关。一般来说，软性的岩石、层理薄而松脆的岩石比坚硬的岩石、层理厚的岩石容易受到风化破坏；节理发育的岩石更容易受到水溶液、气体和生物活动等的风化和侵蚀，也更容易在此处发育成沟谷。因此，河流的发育、主要指干流的发育，往往出现在山区的软性岩石、层理较薄的岩石以及节理、岩层的不整合接触带、断层或断裂带处，这些地方风化作用强、被流水侵蚀的速度快。

下马岭西沟

下马岭西沟位于门头沟区下马岭村西侧，自西北流向东南注入永定河。该沟作为永定河的一级支流，发源于下马岭北山，全长约 800 米。从下马岭沟发育的地质基础看，沟谷所在的位置与下马岭北山软性岩石的分布与走向密切相关。

下马岭北山分布有四种不同岩性的岩石，东部为火成岩，是浅层侵入岩体闪长玢岩，从火成岩往西，分别为下马岭组页岩、长龙山组砂岩以及景儿峪组杂色泥灰岩。这四种岩石中，闪长玢岩、砂岩及泥灰岩的硬度均相对较硬，只有下马岭组页岩具页理构造，层理最薄、岩性最软，极易受到风化破坏，造成风化碎屑物被流水侵蚀，进而发育成沟谷。因此，决定下马岭西沟发育的地质基础为软性岩石。

门头沟

门头沟又名黑水河，位于门头沟区龙泉镇，自西流向东注入永定河。该沟也为永定河的一级支流，发源于龙泉镇西部山地，全长约 10 千米。从门头沟的流向看，该河与本地区岩层的走向一致。顺着门头沟溯源而上，可以发现河流的南侧为南大岭组的玄武岩，河流的北侧为窑坡组的灰黄色中细粒砂岩，河流所在的位置正是两种岩性的交接面上，南大岭组的玄武岩与窑坡组的灰黄色中细粒砂岩之间为平行不整合接触关系。

在两套岩层之间的不整合接触带上，由于出现过沉积间断，并留有风化壳及残积物滞留，物质组成相对较为松散，这就为雨水的侵蚀提供良好的条件，有利于河水在此汇集，并不断冲刷，进而发育成较大河流。因此，决定门头沟河流发育的地质基础为岩层的不整合接触带。

苇甸沟

苇甸沟发源于门头沟区与昌平区交界处的妙峰山，总体上自北向南流，在门头沟区下苇甸注入永定河，全长约 18 千米。从苇甸沟的流向上看，该河流与其他河流有显著不同。宏观上看，河流上半段的流向为自东北流向西南，河流下半段的流向为自西北流向东南；微观上看，苇甸沟不同河段的流向，绝大多数为自东北流向西南或自西北流向东南。

▲ 门头沟—下马岭西沟

通过对苇甸沟不同河段流向的统计与本地区岩层的节理发育走向的统计，可以发现，本地区岩层的节理发育走向主体呈现出两组，一组为东北—西南向，另一组为西北—东南向，苇甸沟的河流流向与本地区岩层的节理走向呈显著的正相关。也就是说，苇甸沟河流发育的地质基础是岩层的节理。

刘家峪沟

刘家峪沟位于门头沟区斋堂镇，自西南流向东北注入永定河。该沟也是永定河的一级支流，发源于黄草梁南麓，全长约14 千米。从刘家峪沟所在的位置看，其与著名的沿河城断裂带位置重合。该断裂带发育在双塘涧—沿河城—溜石港一带，断层走向 N50° E 左右，是一个正断层，是河北省紫荆关大断裂在北京的延伸部分。断裂带两盘岩石破碎，并发育有平行劈理和次级小断裂。

由此可见，地质构造对河谷的发育有明显的影响。受地壳运动的影响，岩层经挤压、拉张等内力作用形成断裂带（或断层），断裂带岩层比较破碎，抗侵蚀能力较弱，或形成低洼带积水，极易受流水侵蚀形成沟谷。刘家峪沟的形成就是在断裂带的基础上发育的。不仅如此，永定河在沿河城段的流向由自东北流向西南转向自西南流向东北，也是受沿河城断裂带控制的。

通过了解一个地区沟谷发育的成因，推测亿万年的地球表面演化历史，可以认识区域的综合自然环境，进而提升生活品位和精神体验层次。

中门寺沟、草帽山的“地形倒置”地貌

“地形倒置”的形成，通常是背斜与向斜表现在地形上，有时与地质构造基本一致，分别形成背斜山和向斜谷。但在更多的情况下，是背斜成山的部位被侵蚀成谷，而在向斜成谷的部位反而发育成山，好似“山”低“谷”高，形成了背斜成谷和向斜成山地貌形态。对这种地形与构造不相吻合的现象，称之为地形倒置。

在门头沟区龙泉镇附近，中门寺沟所发育的地质基础就是背斜成谷之地，而与之大体平行的南侧山体草帽山即为向斜成山之地。

中门寺沟自西向东流注入永定河。其河床所在的位置及走向与三叠系早期的岩层位置与走向一致，以河床为中心，向南、向北依次递变的岩层分别为三叠系晚期和侏罗系早期岩层。也就是说，以河床为中心，地层从中心向两侧逐渐变新，走向与河床走向大体一致，为显著的背斜区域。而其南侧的草帽山也为东西走向，从草帽山山脊向南北两侧行进，依次出现侏罗系早期、三叠系晚期和三叠系早期地层。也就是说，以草帽山为中心，地层从中心向两侧逐渐变老，走向与山脊走向大体一致，为显著的向斜区域。此区域为显著的向斜成山、背斜成谷。从中门寺沟谷与草帽山之间出露的岩石产状可知，出露的三叠系岩层，走向与山脉

▲ 中门寺、草帽山“地形倒置”地貌

▲ 地形倒置现象示意图

或河床走向一致，岩层的倾向指向草帽山（向南），与中门寺沟谷之背斜、草帽山之向斜对应的产状一致。

北京西山层状地貌遗迹

北京西山是北京地区地貌面研究程度最高的地区。目前在西山地区确定了十级不同程度的地貌面，代表了新生代以来发生的不同尺度的地壳抬升。

其中，山体五级地貌面分别是：

东灵期侵蚀面，位于东灵山海拔 1700 米，发育滚圆度良好和深度风化的残留砾石层，其时代可与山西五台山的北台期夷平面相比，属古近纪古新世，距今 6500 万年。

百花期侵蚀面，位于花山林场东北和西南两侧的山脊上，海拔 1400 ~ 1500 米，地形上构成一个宽阔的台地，时代相当于古近纪始新世，距今 5650 万年。

东岳期侵蚀面，位于斋堂以北灵岳寺山腰两侧的山脊上，海拔 950 ~ 1000 米，残留有砾石层，时代属古近纪渐新世，距今 3200 万年。

狼虎期侵蚀面，位于斋堂马兰村西南约 2 千米的狼虎山山脊上，海拔 600 ~ 665 米，有厚达 5 ~ 10 米的残留层，时代相当于新近纪中新世，距今 2330 万年。

唐县期侵蚀面，位于斋堂清水河南岸大墩台山脊上，海拔

▲ 斋堂地区—唐县面

530 米，残留有厚达 2 ~ 20 米的砂砾石层，时代属新近纪上新世，距今 540 万年。

河谷五级地貌面分别为：

在沿河城村东永定河河谷，依据所在地河谷的地貌特征，可将本地地貌面分为高度不等的五级。

河漫滩（Q_4），河拔 0.5 米，海拔 390.5 米，宽 58 米，表层被农田覆盖，下部为砂砾石。

Ⅰ级阶地（Q_4）：为堆积型阶地，宽 25 米，阶坡高 3 米。整个阶地为灰黄色中细砂。

Ⅱ级阶地（Q_3）：基座型阶地，宽 8 米，阶坡高 13 米，基座之上为砂砾石。下部的砂砾石共分七层，正粒序变化，每层厚约 0.8 米；上部为 4 米厚的巨砾层。

Ⅲ级阶地（Q_2），基座型阶地，宽 177 米，阶坡高 32 米。基座为雾迷山组硅质条带白云岩，基座之上零星出露冲积砾石，砾石之上为离石黄土，离石黄土上覆马兰黄土（Q_3）。整个阶地面被紫红色坡积物覆盖。

Ⅳ级阶地（Q_1），基座型阶地，河拔 106 米，海拔 456 米。宏观上很明显，沿河流可见到被冲沟切割而成的一个个平台。基座为雾迷山组硅质条带白云岩，基岩上覆冲积砾石，充填物为浅黄色中细砂。

就北京西山地区而言，村落一般分布在山区的沟谷以及山地的缓坡或台地地区，这些地方的共同特点是地势较平，能够开垦的耕地面积较大，水源较丰富。就同一沟谷而言，一般是沿沟谷溯源而上，村落的规模逐渐变小。

第三章　西山乡村之美

▲ 门头沟—向阳口

聚落是人的居住地，是人类为生产生活的需要而集聚定居的场所，包括房屋以及与居住活动直接有关的道路、产品加工、商业等生活设施和生产设施。根据生产方式与生活方式的不同，聚落可分为城市和乡村两大类。北京西山地区的聚落，主要是乡村聚落（以下简称村落）。村落是从事农业生产的人口所居住的场所，包括住房、粮仓、畜圈、道路、水渠、宅前绿地等设施。

观村名识聚落

村落的形成和发展与其所在的地理环境息息相关。这里既有自然环境因素的影响，也有社会人文因素的影响。例如村落的选址，就是看所在区域能够为聚落的形成与发展提供哪些自然条件，其中起决定性的要素有两个，一是可开垦耕地的数量，二是能够保障村落居民生活的水源。可开垦耕地的数量及水源的多少，不仅决定着村落的选址问题，还决定着村落的规模。就北京西山地区而言，村落一般分布在山区的沟谷以及山地的缓坡或台地地区，这些地方的共同特点是地势较平，能够开垦的耕地面积较大，水源较丰富。就同一沟谷而言，一般是沿沟谷溯源而上，村落的规模逐渐变小。因为沿河谷溯源而上，总体上海拔越高，河谷越窄（排除河谷突然变宽或有大的支流汇入的情况），河漫滩及阶地的面积越小，所能提供的耕地面积和水源也越来越少。

除此以外，河流与气候也是决定村落选址的重要因素。在山区沟谷地区的村落，一般选择在河谷弯曲的凸岸位置上，因为按照河流侵蚀、堆积的原理，凹岸侵蚀、凸岸堆积，村落只有在河流凸岸位置，地形平坦又能避免受到洪水的威胁；若村落选在河流相对比较平直的河段，一定是选在河谷的一级或二级阶地面上，因为阶地是洪水期不被河流淹没的地方，只有在河谷的阶地面上，才能确保村落安全。从气候条件看，北京西山地区的村落一般分布在山区阳坡，且大都坐北朝南，利于冬季避风并能获得充足的光照，有利于居民的生产生活。但也有少部分村落受地形条件的限制，选择在山地阴坡或房屋朝向不朝南。

虽然村落的选址与规模主要取决于当地的自然条件，但村落名称的确定既有自然因素的影响，也有人文因素的影响。通过村落名称可以一探其中奥秘。

从村名看自然

与方位有关的村落

在诸多自然因素中，地理位置是首要因素。因此，北京西山地区很多村落的名称跟地理位置有关，尤以方位为代表。这些村落会以某地理事物为参照物，按照各村落所在的方位命名。如上清水村、下清水村是以清水河的上下游位置命名的，台上村、台下村是以梁家庄台地之上与之下命名。以此类推，如前石门村、后石门村，东村、南村、北村，西北山、东北山，西大台、东大台，河南台、河北村，东辛房、西辛房，东胡林、西胡林，东落坡、西落坡，东马各庄、西马各庄，东杨坨、西杨坨，东王平村、西王平村，东石古岩、西石古岩等村名，都体现了其所在区域的位置关系。

与地形有关的村落

地形是影响村落名称的主要因素，北京西山的许多村落名称均与地形有关。通过村名，能反映出村落所在的地形部位，并与其周边地形环境相得益彰。例如在西山的村名中占比例非常大的 ×× 台，如燕家台、王大台、林子台、大台、付家台、金鸡台、柏峪台、千军台、赵家台等，这些村落一般都是分布在河谷高处或山腰处的台地之上；另有一些村落分布与河谷有关，它们的名称一般带有 ×× 峪、×× 沟，如柏峪、杨家峪、桑峪、艾峪、芹峪、洪水峪、刘家峪、贾沟、涧沟等，这类村落在西山与地形相关的村名中占比也是比较高的；还有一些村落分布在山地的缓坡，一般称为 ×× 坡或 ×× 岭、×× 山等，如王坡、邓家坡、抢风坡、秋坡、吕家坡，北岭、南岭、书子岭、蔡家岭，西北山、东北山、东山、王家山等。此外，还有一些与具体地形相关的村落，如双石头村、碣石村、贵石村（原名龟石村）、黄土台、黄土贵等，这些村落在西山地形名称中虽占比不高，但在北京西山村落中很具有典型性。我们漫步西山乡村，从村名上就能与周边地形相对应，感受这些村落所在的地理环境特征。

与水源有关的村落

土地是基础，水源是命脉，特别是北京西山地区，水源的提供量会直接影响到村落的规模。相应地，北京西山地区很多村落的选址及其村落的命名也与水源有关。如靠近泉水或流水源头的村落，取名为密泉、灵水；靠近清水河畔的村落取名为清水；靠近其他河畔或水源地的村落得名为安家滩、鲁家滩、丁家滩，南涧、双塘涧、青龙涧，泗家水、江水河、塔河、大沟、草甸水等。这些村落名称无不与水源地相关。

与植被有关的村落

地形、水源等自然因素在村落选址中无疑起着很重要的作用，甚至村落的名称也与之密切相关。但也有一些村落因为选址地方的植被较为特殊或相对比较密集，也会用这些植被命名。例如，椴木集中的地方所建的村落，命名为椴木沟；檀木集中的村落，命名为檀木沟；还有诸如樱桃沟、梨树台、苇子水、上苇甸、下苇甸、杨树地、桑峪、桃园、栗园庄、松树村等，这些村落的命名均与其最初建村时周边显著的植被种类有关。

与矿产有关的村落

除以上的自然因素外，北京西山地区的地层以沉积岩为主，特别是碳酸盐岩分布广泛，各种石材、煤炭等矿产资源非常丰富。西山地区对这些资源的开采、加工与利用的历史悠久，对村落的形成与发展也产生了很大影响，是北京西山地区村落形成和命名的因素之一。

随着矿产资源的发现与开发，依托资源发展起来的村落，大都会以该矿产的名称命名。例如，石窝村因盛产变质岩汉白玉（大理岩）闻名于世；石厂村因采青石而得名；灰峪村、灰口村、大灰厂等因开采石灰石并烧制石灰命名；煤窝村因出产煤炭而得名；石板房村因板岩丰富，生产村民建房所需的石板而得名；琉璃渠村因九龙山盛产坩子土而烧造琉璃闻名……这些村落的名称，可以说均与当地的矿产资源相关。

从村名看人文

与墓葬有关的村落

北京西山地区因距离京城较近，又处于上风上水的位置，自

▲ 南辛房

▲赵家台

▲ 瓜草地

▲ 石板房

▲徐家村

▲ 沿河口

古以来许多皇亲贵戚、名人显要来此建造茔地，并雇人看守，进而在此建村或因看坟逐渐形成了村落，这些村落大多因坟冢的名称而得名。如耿王坟、色树坟、刘家坟、唐家坟、太子墓等，均或多或少与本地坟冢有关。

与人口有关的村落

村落因人而成，人入村落而居，无论从哪方面说，村落的主体都是人，因此人口的迁移变化是村落形成与发展的基本因素之一。外来人到达北京西山地区落户或北京西山地区的本地家族壮大到分家而另开辟一个地方重新创业时，会由最初的几户人家逐渐发展成一个新兴的村落，在此基础上形成的村落一般姓氏单一，此类村落大都以该村的主体姓氏命名。例如吕家村、张家村、李家庄、杨家村、岳家坡、王村、贾家沟、杜家庄、杨家峪等，均是以姓氏命名的村落。

与军事有关的村落

西山地区属于太行山余脉，高山连绵不断，沟谷绵长深邃。高山峻岭是北京城的天然屏障，狭长的永定河大峡谷及其支谷是连通北京城与西北部高原的天然要塞，自古就是用武之地。

从战略地位上看，北京西山地处内蒙古高原和华北平原的交界处。历史上，这里地处汉族聚居区的北隅，北方少数民族游牧生活区的南限，两种不同的社会文明交汇于此，战争是文明相互碰撞的一大产物，也就决定了北京西山在军事上的重要地位。特别是明代，由于蒙古人的侵扰，北京西山地区的防御更加重要。从明代初期始，北京西山地区逐步加强了军事防御，先后修建了沿河城、斋堂城、长峪城、白羊城等诸多军事防御城池及与之配套的军事设施。这些军事防御设施需要有士兵把守，以致留下了许多与军事有关的村落，这些村落被称为军户村。正所谓：大道为关、小道为口、中心为城。在北京西山地区，但凡称之为 ×× 口、×× 关、×× 城的，大多为军户村。如，以防御中心建村的有沿河城、长峪城、白羊城等，以关、口为主要居住地建村的有王平口、房良（口）、洪水口、青白口、龙门口、向阳口、梨园口、洪水口等。这些村落均是守口戍边军士及其家属垦荒自养而建成的村落。

与宗教有关的村落

“天下名山僧占多”，自古以来北京西山地区的宗教活动就非常活跃，寺庙数不胜数。明嘉靖年间王廷相在《西山行》中曾有“西山三百七十寺，正德年中内臣作”的诗句，这仅是明代，到清代又有增加。北京西山地区除了道教、佛教的寺庙之外，还有各地为了祭奠先祖和鬼神所专门修建的庙宇。随着寺庙增多及各种宗教活动的开展，人聚村成。如灵岳寺村即因灵岳寺的建立形成。灵岳寺是门头沟区比较著名的寺院，位于斋堂镇北部的白铁山上，创建于唐贞观年间，当时进香朝拜的人络绎不绝，遂在灵岳寺周边形成了李家村、徐家村、宋家村三个小村，统称灵岳寺村。也正是灵岳寺的创建，进香朝拜的人有的寄宿山下，寺僧在这里施粥行善，逐渐形成村落，取名斋堂。除此之外，北京西山地区还有许多因宗教原因形成的村落，如田寺、禅房、万佛堂、石佛、仰山村（现名樱桃沟）、山神庙、达摩庄等。

与交通有关的村落

正是因为北京西山地处内蒙古高原和华北平原的交界之处，河流的沟谷成了连通北京城与西北高原的重要通道，致使京西古道逐渐形成并日渐完备。交通的形成与发展，又直接影响到村落的形成与发展，许多村落依托古道频繁的商业往来以及重要的交通位置不断发展起来。例如，古道穿越河流，因搭建桥梁形成村落的有四道桥、孙桥、梁桥、板桥等；因地理位置重要而形成的村落有王平口、十字道、官道等；因京西古道货贸交往发展起来的村落有东店、中店、西店、三家店等。可以看出，这些村落的名称大多与北京西山重要的交通密不可分。

爨底下村

爨底下村坐落在北京西山京西古道之上，是一处具有 500 多年历史、完整保留了明清时代建筑风格的古村落。

从爨底下村东南侧拾阶而上，可以看到整个村子的全貌。村落建于缓坡之上，坐北朝南，高低错落。以村后山包为圆心、南北为轴线呈扇面形展于两侧。村子上下两部分被一条长约200米、高约20米的弧形大墙分开，村前又被一条长约170米的弓形矮墙围绕，使全村形不散而神更聚，三条通道贯穿上下，而更具防洪、防匪之功能。结构严谨、错落有致的四合院整体精良、布局合理，建筑风格既有江南水乡在窗、楼、室等细节、局部处理上的风韵，又有北方高宅大院恢宏整体的气势。灰瓦飞檐、石垒的院墙凝重厚实中透着威严，恬淡平和中积淀着深厚的文化。

进入爨底下村口，首先映入眼帘的是巨石之上大大的“爨”字。“爨”字的写法共有三十笔，发音为“cuàn”，为了记忆与书写上的方便，将爨字拆开成“兴字头林字腰、大字下面架火烧”，取“人火越烧越旺”之意。巧合的是，爨底下村人全姓韩，与“爨”之大火正好达到阴阳平衡。相传，爨底下韩姓村民是明代由山西洪洞县大槐树下移民而来，原村址在村西北老坟处，后因山洪暴发将整个村庄摧毁，只有一对青年男女外出幸免于难。为延续韩族后代二人以推磨为媒而成婚，并在现址立村，婚后所生三子，为韩福金、韩福银、韩福苍。并以福字为第一辈序排20辈：福景自守玉，有明万宏思，义巨晓怀孟，永茂广连文。

古村鉴赏

街道

漫步在爨底下前街，由东向西行进，路面整齐清洁。无论是主街道还是狭窄胡同，甚至包括村子院落的地面，大多采用深灰色的石块铺设，偶见紫色与青色石块，所用石料全部来自本地地层岩石。

铺设爨底下街道的用石，一般以深灰色的石块为主，是本地寒武系昌平组的豹斑灰岩。因该地层层理较厚，为块状构造，所以所采石料大多也较厚，有较强的抗风化能力，主要用于街道铺设及房屋的地基建造。青石与紫石则采自青白口系景儿峪组的杂色泥灰岩，该岩层有紫色也有青色，岩层层理厚度一般在 10 厘米左右，因为取材方便，可直接用于路面铺设。紫石多用于进院或进屋台阶之用，取“紫气东来”之意；青石则多用于进院后的路面，取意“平步青云”。灰、青、紫，三色石板铺的路，不仅质地坚固漂亮，雨过天晴各色石板还映射出迷人的色彩。

水井与村前槐

在村前街道的南侧，东西各有一口古井。东侧的古井紧邻小停车场，西侧的古井位于村西通往上山的路旁。两口古井目前仍保留有以前村民打水时用过的辘轳以及打出水后用于饮牲口的石水槽。水井之所以打在街道南侧，主要是街道南侧为原河床所在之处，有利于古井的地下水通过地表水得到补给，从而保证水源充足，满足全村用水。

在村前街道的北侧，有两棵离得不远的古槐，是北京市重点保护的古木之一。在北京西山地区，有很多村落街道旁都会有国槐种植。爨底下村前的这两棵古槐与西山其他村落古槐相比，生长得异常繁茂，一个很大的“爨”字在古槐下显得格外醒目。

四合院

爨底下村的四合院与京城四合院相比既有相同之处，又有不同的地方。正房多大？厢房多大？门楼开在哪边？中轴线在哪儿？完全靠风水学所规范。在工艺上讲究干磨细摆，磨砖对缝。不同之处是为减少占地面积，东西厢房向院中央缩进，二进院中内宅与外宅的中轴线上不建垂花门，而建三间五檩的穿堂屋，以提高土地利用率。穿堂屋东侧开二门，大门开在前院东南角，利于雨水从大门左侧地洞排出。

爨底下村的四合院的正房、倒座房大部分为四梁八柱，厢房为三梁六柱。墙体四角硬，房顶双坡硬山清水脊，房脊两端起蝎子尾，下置花草盘子，板瓦石望板或木望板，房内设土炕、地炉，以方砖铺地，用条砖墙裙。门和窗的窗棂有工字锦、灯笼锦、大方格、龟背锦、满天星、一马三箭和斜插棂字等图案，富于变化。地基四周全用条石砌成，房两侧墙腿下有迎风盖板，其石雕花纹虽繁多但又不雷同，有大方格、斜方格、水波纹或花卉吉语等。

四合院内多用方砖铺地，夏天不热，冬天不凉，走路不滑，还可调解院内湿度。地下建有储存蔬菜、果品用的地窖，因用气孔、窖盖儿调节了温度，所以萝卜、土豆等能储存数月不坏。地面上，镶嵌外方内圆、中央有圆洞的六个石窝。到了秋季，六个等距离

▲ 爨底下街道

▲ 爨底下影壁

▲ 卧虎与灵龟

▲ 蝙蝠

对称的石窝内竖起六根带叉木桩，搭放荆芭，上晒粮食，下可行人；待粮食晒干后下棚，再将木桩拔掉，既方便又漂亮，可谓构思巧妙。各家院落层层升高，依山而建、依势而就，使每家采光、通风、观景视觉都具最佳效果，充分体现了人与建筑、建筑与环境的完美结合。

影壁

爨底下四合院前院东厢房的南山墙，后院东厢房的南山墙均建有座山影壁，由“上有帽、中有心、下有座”三部分组成。帽上雕有寿桃、万字锦，檐头瓦当或虎头或福字，磨砖假椽头或圆或方，精雕梅花，以取万事美好之意。心外角雕有四时花卉，内角雕云花，中心位置或雕“鸿禧”或书“福”字，而“福”字左上点为蝙蝠造型，下为梅花鹿头造型，而右侧为寿星造型，寓意福、禄、寿。更有在福、禄、寿上布有梅花，以其梅花五瓣状示五福临门，实为绝妙之极。用料考究、做工精细、装饰华美的影壁，其主要功能是显豪富、壮观瞻、避邪气、迎吉祥。

门楼

位于爨底下街北的院落，其门楼大部分建在四合院的东南角，而建于街南的四合院，其门楼则建在西北角，但都是沿中轴线横移，寓意是发横财。门楼以屋宇式居多，歇山起脊，板瓦石望板或木望板，脊两端起蝎子尾，下置花草盘子，磨砖对缝四角硬，前有前门罩，后有后门罩，或硬木透雕荷花、牡丹，或装窗棂卡花，门额之上有圆形或多边形门簪，上雕迎祥吉语。门槛下置门枕石，外起石墩，雕有吉语、花卉、瑞兽。门上装铜制或铁制门钹，配门环，钉锔，门楼四角下有迎风盖板，上有戗檐博风，富丽而壮观。

山景

从爨底下村高墙北侧的平台向东望，山岭蜿蜒起伏，起伏之中凸显三组山头，宛如三个吉祥动物。由南向北依次为蝙蝠、乌龟、老虎，分别寓意为蝙蝠送“福”、神龟寄“寿”和卧虎予“禄”。特别是卧虎予“禄”，平视酷似老虎俯卧，如果将该景观竖向看又如同含笑的佛祖，极其逼真。爨底下村东侧山岭的景观成因与前述之地质作用密切相关。地壳运动将山地隆起抬升，外力作用将山地进行雕饰，在大自然的鬼斧神工之下，逐渐形成“蝙蝠”“龟”“虎”的造型，也才有了“福禄寿星照古村”的佳景。

风水

爨底下村人重耕读，同时也注重风水。从所处的地形上看，爨底下村东、南、西、北各有一条山岭环绕，极其符合左青龙、右白虎、南朱雀、北玄武的风水格局。整体村落坐北朝南，村落顶端紧靠中心山包，并从中心山包向北盘旋而上，恰如一条待飞的巨龙。中心山包即为龙头，从中心山包向北盘旋而上山梁即为龙身，爨底下村中部长约 200 米的弧形大墙即为龙须，村前的两棵古槐即为龙角，路南的两眼水井即为龙眼，整个村落犹如一条巨龙盘旋，周围环境与风水理论珠联璧合，反映出爨底下人民冀希富足生活、幸福平安的美好祈盼。

觅村探因

村名的由来

北京西山地区的村名与地理环境密切相关，特别是很多村名与当地的地形部位吻合。爨底下村的名称来源，不仅与地形部位有关，还与地形的成因有关，更与西山地区人们的生活环境有关。

现代汉语词典对“爨”字有两种解释：①作名词讲，“灶”；②作动词讲，“烧火做饭”。在过去农家沏茶烧水，用的是一种名叫水汆子的容器，其形状类似于玻璃杯口处加一把柄，但材料不是玻璃的，而是全部由铁皮制成。使用时先在水汆子中装适量的水，再放入灶中加热，很快水就被烧热了。

地壳抬升、河流下切。受河流溯源侵蚀的影响，河流在此形成一个裂点，使得该处水流因坡度陡、落差大导致水流速度快，在裂点水头的下部很容易被强力的水流淘蚀成较深的水坑。如果水坑外围的物质较松散，随着水坑的逐渐加深其周围会坍塌，形成浅坑；相反，如水坑的外围物质为较坚硬的基岩，水坑的外围物质将保留得很好，随着流水夹杂着沙石的淘蚀作用，水坑会变得口不大但很深，地貌上称之为壶穴。

距爨底下村西北约 1 千米处，正是由于受到河流溯源侵蚀的影响，河流下切到坚硬的石灰基岩之后在本处产生裂点，其水头下面就形成了这种很深的壶穴。由于这种壶穴一般会常年有水，就如同家中使用的水汆子一样，加之这种壶穴所处的位置正是三面高陡、一面开口的河流裂点处，又如同农家用的灶台，整体上看就宛如农家在灶台中烧水一样。因而，当地人就把这种地貌类型称为“爨”。有了“爨”，则爨上面的崖头被称为爨头，村落建在爨的下面，则称为爨底下。虽然由于修爨柏公路，爨的壶穴被填埋，但形成“爨”中壶穴的水流遗迹在公路旁的爨头裂点处仍清晰可见，并且主河道上的大爨虽因壶穴被填埋而不完整，但其北面支流上的“小爨”却保留得相当完好，还可以清楚地看到“爨”的形成原理。可以说，爨底下村名称既取自地理现象又来源于生活。

选址的地理依据

在爨底下村东侧的小山梁上，有一个人工建造的凉亭，凉亭北侧有一个关帝庙，站在村落任何位置，几乎都能看到凉亭及关帝庙。或者说就爨底下及其周边地方而言，关帝庙和凉亭所在的位置凸显高耸，正是建造凉亭与庙宇的理想之所。为什么整个爨底下村及周边地形相对较低，而凉亭与关帝庙所在的位置高耸呢？其实是因凉亭及关帝庙所在位置的岩性与周边地区有很大不同所造成的。爨底下村及其周边的岩石大都以沉积岩为主，除石灰岩、泥灰岩外还有一小部分泥岩，而凉亭及关帝庙所在位置则为岩浆岩，是岩浆沿沉积岩节理侵入后冷凝形成的。因岩浆岩的

▲ 爨底下地理位置

▲ 水氽子

▲ 小爨

▲ 关帝庙

硬度较沉积岩大，抗风化能力强，在岩层被流水侵蚀暴露后，不耐风化的沉积岩较快地被外力作用所风化侵蚀，而抗风化较强的岩浆岩则相对凸起，使得本地区成为相对较高的陇岗。这种现象在地质上称为差异风化。

站在凉亭西望爨底下村，也可以看出当地村民在村落的选址问题上具有一定的科学依据，蕴含着朴素的地理学思想。首先在地形方面，村落的选址建在周边相对平缓的区域，这样一是施工难度小，二是节省材料，三是可以保证在山区尽可能使院落面积最大化。同时，村落的具体位置选在了河流的一二级阶地上，又保证了村落的安全。其次从河流因素考虑，村落选在了河流的凸岸位置，凸岸堆积、凹岸侵蚀。选在河流凸岸建村，能够最大限度地使村落即便在低概率的洪水威胁下，也能确保安全。最后，从气候因素方面考虑，村落位置选在了河流北岸，地势北高南低，恰恰有利于房屋的建造坐北朝南，一是房屋能够获得充足的光照，二是有北部山地的阻挡，可以减轻冬季风的侵扰。

兴衰之路

爨底下村地处西山深处，周边地区坡陡谷深，缺少大面积耕地条件，不利于村落的形成与发展。但从爨底下整个村落的民居建造看，不仅用料考究、做工精美，且村落的规模较大。究其原因，与爨底下所处的地理位置不无关系。

北京西山是京畿通往河北、山西等外埠地区的必经之地，西山地区众多的沟谷成了沟通外埠地区的重要通道。许多人员、货物从北京出发，向西经玉河古道、西山大道以及京西古道的南道到达王平口，并道后经潘涧子、板桥、庄户、千军台、大寒岭、军响、双石头、爨底下、天津关、黄草梁、麻黄峪等到达河北、山西等地，同时河北、山西等地人员、货物又从该道返运通达北京。在完全依靠畜力、人力进行运输交流的时代，该线路可以说路途遥远而漫长，爨底下村正是这条线路中转途中必经且适宜人马歇脚之处。因而爨底下村经济的发展，不是单纯靠种地而是以经商、客栈为主要收入来源。鉴于此，爨底下村的民居建造有很大一部分属于双店院。顾名思义，双店院是指除房主居住的四合院外，还同时开设店铺和骡马店，集居住、商业、货物仓储及马棚于一体的组合院落，各院分区明确，互不干扰。临街的铺面一般为三开间倒座房，明间前后均由四扇大门组成，方便商旅出入。店家不仅为过路商旅提供食宿，代客饮马喂料，还有大量的仓储空间以满足经营转口贸易和期货贸易的需要。骡马店的门楼也很有特点，既有专门供人使用的门楼，也有专供牲口进出的门楼。在当时的西山地区，爨底下村可以说是非常富足的村落，也正因为如此，位于村落最高处的富家院落不称为地主院而是称为财主院。爨底下村的整体村落建造设计精巧、用料考究，建造质量上乘，是北方地区山地四合院的经典之作。

新中国成立后，随着国家经济建设的发展，现代交通迅速发展起来，不仅修通了108国道、风沙一线和风沙二线铁路，109国道更直接从军响、斋堂穿过，并一直向西绕过爨底下村到达河北、山西地区，通过北京西山西行的古代交通逐步被日新月异的现代交通所取代，使原本依靠交通位置发展起来、非常富足的爨底下村渐渐失去了往日的辉煌，沦为仅靠贫瘠土地生存的普通村落。但也正因为村落经济收入的锐减，才使得爨底下村民难以依靠自己的力量将一些陈旧的房屋进行改造，也才使得原有的清代、明代古屋能够依据原样保留下来，才有了现在历史文化名村的美名。

改革开放后，随着国家经济的进一步发展，北京西山地区的交通建设进一步加强，较早地实现了村村通公路，爨底下村又焕发出了新的生机。交通状况的改善，居民生活水平的提高，为爨底下村的旅游经济的发展注入了新的活力，成千上万的旅游爱好者的到来，使爨底下村成为北京西山地区富裕的村落之一。纵观爨底下村的发展历史，可以发现其因交通而兴，又因交通而衰，最后又因交通而重新焕发。

灵水村

灵水村位于门头沟区斋堂镇境内，前罩髫髻山，后靠莲花山，四周被群山环绕。村落依山泉而建，水绕村而流，原貌保存较好，是中国北方明清时期乡村民居建筑的典范。古时灵水村有72眼

▲ 灵水

▲ 刘懋恒宅院

水井，井井有水，水源丰沛，“灵物”与“水”相配，故得名灵水。灵水村现有明代民居20余间，清代民居100余间，至今仍保存着古寺、古宅、古树、古景、古商号等大量的历史古迹和文物遗产。这座千年古村在2005年被选为全国历史文化名村。

从总体轮廓看，灵水村像一只龟，村里原来有36个磨盘、72眼水井，象征着三十六天罡、七十二地煞。道教认为北斗丛星中有36颗天罡星，每颗天罡星上各有一个神，合称“三十六天罡”；北斗丛星中还有72颗地煞星，每颗地煞星上也有一个神，合称“七十二地煞”。

灵水村民崇尚教育，早在明初就建有社学，尊师重教，读书上进蔚然成风。历史上灵水村曾出过22名举人、2名进士和10余名全国最高学府国子监的监生；文官有山西汾州知府、武官有山东东昌府都司，因此灵水村又被称为“举人村”。村里把“举人”住过的院子称为“举人宅院”。灵水村典型的几处举人宅院有刘懋恒宅院、刘增广宅院、谭瑞龙宅院、刘明飞宅院等。

刘懋恒宅院是一处比较少见的“五进院”，大门有2米多宽，虽已残旧但还能看出当初的气势。跨入大门，穿过一小段回廊，绕过影壁，就到了“一进院”。正房和东、西厢房仍保存得很完好。房内还有火炕和老式的柜子，打开柜门，里面静静地躺着一堆老式的碗、盘，底部刻着的“恒”字仍清晰可见。而后面的“三进”“四进”“五进”则破损得比较厉害，目前已经修缮完毕。

灵水村最兴旺的时期是明清两代，经济文化极其繁荣，富商、大户齐集，有三元堂、大清号、荣德泰、全义兴、全义号、永茂公、德茂堂、济善堂“八大商号”之说。其实在明清两代及民国时期，灵水村做生意的商号远不止八家，只是当时有的是商号，有的是堂号，或者说有的人家专门做买卖，有的富绅兼做买卖。现在村里，仍可以看到挂有当年商号牌匾的房子。

灵水村是京西的一座千年古村，古风遗存，村民的整体文化素质比较高，保留了许多良好的民俗民风。在这些优良的民俗民风中，有的是灵水村前人首倡的，有些则是灵水村所独有的，流传了百年，有些甚至时至今日仍被村民所遵循。这些良好的民俗是灵水村深厚文化底蕴的具体体现，时至今日，对于灵水村的生产发展、生态保护、邻里和谐等方面仍有着积极的意义。

赏村阅景

“世间美景天造设，地方八景人命名”。灵水村很早就有“灵水八景”之说，这八景并不是近年来为了发展旅游赶时髦而拼凑出来的，而是前人留下来的。在历史上灵水村读书人多，读书人大多喜欢附庸风雅，大约在清代中期，他们定出了自己的八景，展示热爱家乡之情，也可以看出灵水村的文化底蕴之深。

东岭石人

站在村中向东看，在距离灵水村 10 千米的髽髻山上有一

▲ 东岭石人

▲ 西山耸翠

座小山峰，从村中看，酷似一位正在抬手写字的“石人”教书先生。“石人照灵水，灵水出举人”，人们说灵水村出读书人，出教书先生，就是因为有这座石人的映照。据说，从前石人所在地附近村庄的村民，曾因“石人照灵水”的传说，觉得“石人”给予了灵水村那么多灵气，但对本村却无任何“关照”，于是想毁掉石人，但走到山上之时，却无任何石人踪迹，只好败兴而归，而从灵水村再次观看则石人犹在。这大概就是“横看成岭侧成峰”的缘故吧。

西山耸翠

西山是指灵水村西的独山，又叫莲花山，站在北山梁上看独山，山形酷似一朵盛开的莲花，是当地的一景。山上植被十分茂盛，长满了各种树木花草，苍翠欲滴，故名“西山耸翠”。村中的人认为，这座美丽的莲花山是灵水村的风水靠山，当地有“近山不砍柴”的传统，从字面看是怕破坏了村子的风水，实际上也反映了当地人注重环境保护的淳朴思想。

南庵远眺

南庵是指灵水村南山坡上的白衣观音庵。灵水村的村落布局酷似龟形，其实只有站在观音庵，才能看清楚灵水村灵龟的形状。白衣观音庵是乌龟的头部，村北五道庙处则为龟尾，村东过街楼是龟左前肢，南海火龙王庙处是右前肢，魁星楼、文昌阁处为左后肢，灵泉禅寺处为右后肢。整个村落形似龟身，村落的围墙为

▲ 南庵远眺

龟背的轮廓，三条东西走向的街道与南北走向的胡同构成了龟纹，龟纹的大小块是由四合院组成的。整体看，村落就宛如一只活灵活现的灵龟。所以也有人说，灵水村的村名的“灵”字也是从村落的整体布局而来。

北塔凌云

村北的灵泉禅寺，始建于汉，明代改名灵泉禅寺，是灵水村保存至今最古老的建筑。但汉代的建筑已经片瓦无存了，唯一存留的山门也是明代建筑。在门檐处有着精美的砖雕，檐下的石额上“灵泉禅寺”四个古字仍清晰可见。寺内原来有一座高约 5 米的白色覆钵式僧人墓塔，建筑精巧别致，由于所处的地势很高，在满目葱郁的南山上非常醒目，故而称为“北塔凌云”。但现在僧塔只剩下雕刻着精美云纹的汉白玉质须弥碑座。

文星高照

文星高照是指村中的文昌庙和魁星楼。文昌帝是主管功名利禄的神，魁星负责“朱笔点魁”，是读书人供奉的神。

灵水村魁星楼在明代之前已建，是一座坐北朝南两层木结构的小楼，为悬山式卷棚顶，筒瓦顶，有垂兽及蹲兽，面阔 6 米，进深 6 米，所供神像无存，只剩下残基，但现在已经修复。魁星是中国北方神话传说中主宰文章兴衰的神，在儒士学子心目中具有至高无上的地位，魁星常手握一支被称为朱笔的大毛笔，用此笔来点定科举中试人的姓名，因此魁星楼是学子经常参拜的地方，以祈求自己金榜高中，荣归故里。

文昌庙与魁星楼相邻，建于明代早中期。文昌庙与魁星楼所处的地势较高，可以俯瞰全村，两座建筑合称为文星高照，是“灵水八景”之一。

以儒学为代表的文昌阁和魁星楼，在中国北方的乡村比较罕见，也说明了灵水村自古就文风颇盛，重视文化。

柏抱桑榆

在灵水村内的南海火龙王庙里，有两棵长有寄生树的千年古柏，均是国家一级古树，分别名为“柏抱榆”“柏抱桑”。

“柏抱榆”在西跨院，柏树高约有13米，干径粗有1.75米，树干粗壮，枝叶稀疏，一副老态龙钟的样子。但在2米多高的树杈中间长出了一棵高10余米、干径约0.7米，显得比母体的柏树枝还要粗大的榆树，主干挺直，枝叶繁茂，大有喧宾夺主之势。在其东侧十余米处，即南海火龙王庙门内也有一棵高约20米，干径约有1.8米的千年古柏，在距地面4米高的树杈间长着一株高约5米，干径约0.2米的桑树，在其旁边还伴生着一棵约2米高的荆蒿。

其实这种奇观叫“寄生树”，就是在一棵母本树上，又长出来了一棵异种树，这是一种偶然发生的自然现象，其形成的原因可能是老树的树洞中有土，风吹或鸟粪将其他树的种子带进了树洞里，如果温度、水分都合适，这颗种子就可能存活生长，形成了“树

▲ 柏抱桑

▲ 柏抱榆

▲ 古柏参天

上树”的自然界奇观。根据有关资料，在北京郊区目前仅发现了8棵“树上树”，但灵水村就占了2棵，这不能不说是个奇迹。

古柏参天

在灵水村北五道庙旁有一棵高约8米，干径2米多的古柏，这是门头沟区最粗的一棵柏树，树龄千年以上，也是一级古树。这棵古柏树冠平展，枝杈横生，枝叶茂盛，冠幅状似华盖，有10米×12米之大，远观古柏整个树冠形似一棵优美的灵芝，因而有“灵芝柏”之称。在土层瘠薄的崖头之上，却能生长着傲然独秀的古柏，不禁让人赞叹，也算是自然界的一个奇观了。

龙泉涌水

在南海火龙王庙前面有一个八角龙池，据明《宛署杂记》中记载“八角龙池在桑峪村，离城二百里。石生八角，中虚若池，泉出其底，冽而甘，古产龙之所”（明清时期实行里社制，当时灵水村隶属于桑峪社管辖，故《宛署杂记》记述为桑峪村）。当年从莲花山下的石缝中有一股泉水涌出，水质甘冽，是村中的主要饮用水源之一。泉水流入池中，池中养有金鱼，是灵水村当年的一景。

观古遗风

君子不争

碾子是农村一种使用十分普遍的石制粮食加工工具，过去在农村的大街上、农户家院里、场院内到处可见，是农民生活中不可或缺的生产和生活用具。碾子用坚硬的石料制成，由碾砣、碾盘和木制的碾框三个部分组成。

历史上灵水村共有36盘碾子，既有农民家里自家私用的，也有村里公用的。在诸多的碾子中有一盘不一般的，就是在村西北刘姓碾房内的那盘碾子，村民们称之为“君子不争碾”。

当年灵水村的刘懋恒以国子监监生的资格入仕，官至山西汾州知府。他为官清正，扶弱抑强，乐善好施，深受当地百姓敬爱。在他回乡探亲的时候，当地的老百姓想送他一些礼物，又觉得要是送金银财宝，他肯定不收，最后决定送给他一盘当地所特产的石碾子以表情意。刘懋恒把这盘石碾子运回了家乡灵水村，供村民公用。

灵水村的公用碾子不多，农民又受小农经济的影响，有自私自利的劣习。人多碾子少，谁都想先推上碾子，少耽误些时间，因而在推碾子的时候，经常有争抢之事发生，从而引起邻里之间的不和。清光绪年间，以举人资格步入仕途的吉州知州刘增广在家守孝期间见到了这种情况，就在这座碾房内的墙壁上写下了“君子不争”四个大字，提倡村民们推碾子的时候要互相礼让，不要争抢。刘增广在灵水村有着很高的威望，村民们都信服他。从此之后，推碾子争抢之事在灵水村就很少发生了。如果有人来推碾子，见到有人正在使用，就把粮食口袋放在碾房里，先自己去干别的事情，估计时候差不多了再回来碾自己的粮食。后来的人见到地上有粮食口袋，就会自觉地把自己的口袋排在后面，不争不抢，秩序井然。日久天长，墙上的题字虽然已经不见了，但那盘“君子不争碾”和碾房都还在，济危扶困，敬老爱幼，一家有活四邻帮忙，这种谦和宽容、互谅互让的习俗在灵水村也一直流传下来。

猪羊圈养

农村一般以种地为主业，经过耕地、播种、除草、施肥、灌溉、收割……辛辛苦苦才收获到赖以生存的宝贵粮食，因而农民对于庄稼极为珍惜。养猪养羊又是历史上农村的主要副业，按照传统习俗，农家的猪羊一般都是放养的，白天放出家门去，让它自己去找食吃，到天快黑时再找回来，既省工又省力。猪羊到处乱跑，难免就去村边地头啃食别人家的庄稼，因而在农村经常有因为猪羊啃食庄稼而引起的邻里纠纷，轻则吵架，重则动武。

举人刘增广为了和睦邻里，与村民共同订立了“不准放猪羊出圈”的村规民约。为了使村民们能够自觉遵守，他想了一个“从我做起”的主意。刚订立了“不准放猪羊出圈”的村规民约没几天，刘增广就故意将自己家的两口大肥猪放到了街上，他带领家人在后面假装追赶，只追不捉，轰着两头猪跑遍了全村。随着看热闹的人越来越多，刘增广这时才让家人把猪捉住捆好，然后对大家说：“不准放猪羊出圈的村规是我们大家订的，家家户户都需要遵守。今天我第一个违犯了村规，理应接受处罚。”说完之

▲ 三禁碑

后，他命家人当场把两头大肥猪宰了，把猪肉分给了全村的各家各户。从此之后，灵水村的村民们就严格地遵守着“猪羊圈养”这一规定。直到现在，在村民的思想意识里，“猪羊圈养”已经成为一种天经地义的事情了。这项村规民约对于和谐邻里关系起到了很好的作用，即使是到今天，也仍然有着积极的意义。

水池三禁

“八角龙池”是灵水村的八景之一，在这里有从莲花山下的岩石中涌出的一股泉水，名叫“灵泉”。这股泉水汇入八角龙池中，冬暖夏凉，清冽甘甜，水质极佳，历史上是村民们的主要饮用水源。虽然灵水村有72眼水井，井井有水，但是村民们都爱饮用这股泉水，即使是住在村东的人们，也经常到村西的八角龙池去挑水吃。

为了保护水源不被污染，清康熙辛未年（1691），村民们共同制订了保护水源的村规民约，并且刻成石碑立于水池旁边，碑上刻着“池内三禁：凶泼投跳、愚顽搅混、儿童汗溺。池台三禁：宰杀腥膻、饮畜作践、浆衣洗菜。庙前池边，禁止污秽，堆粪洗衣”。以保障村民饮水的清洁卫生。如有人违犯“鸣钟议罪，罚供祭神，使之警畏”，“凡我村民，均相劝诲，刻铭于石，流传后辈”。此碑至今犹存，并且保存完好，就镶嵌在龙王庙的外墙上，人们称其为“三禁碑”。

石碑为青石质，高0.95米，宽0.34米，碑文楷书，横刻“重修碑记”四个大字。碑文为竖刻，全文如下：

大清康熙岁次辛未仲夏初旬，合村聚会。稽古龙池，灵水祥瑞。世久年深，砖损石坠。公议重修，捐工如队。石土灰泥，即时全备。仅月成功，皆欲书勒。庙前池边，禁止污秽。堆粪洗衣，鸣钟议罪。罚供祭神，使之警畏。凡我村民，均相劝诲。刻铭于石，流传后辈。池内三禁：凶泼投跳、愚顽搅混、儿童汗溺。池台三禁：宰杀腥膻、饮畜作践、浆衣洗菜。

这是迄今为止，在北京地区所发现时间最早的关于保护水源免遭污染的碑刻，具有很高的文物价值。早在300多年前，灵水村民就有这种环保的意识，充分表现出了灵水人良好的文化素养。

煤炭限采

斋堂地区是北京西山地区重要的产煤区，其中又以灵水的煤炭质量最佳。自从发现了煤以后，灵水村就掀起了开挖煤窑的热潮，在村周边开了很多煤窑，清末民初是最兴旺的时候，共有大小煤窑四五十座。在抗日战争之前，灵水的煤炭销路极好，开窑的和挖煤的挣钱都很多，后来村里又陆续开挖了风口窑、大东窑、小东窑、流顺窑、磨盘窑、大港窑等。

煤是不可再生自然资源，采一点就少一点，灵水人很早就认识到了这一点。为了限制煤炭的开采量，灵水人采取了两个办法，一是本村人限采，二是外村人禁采。对于那些财大势大外来开窑的人，他们则采取不合作的态度。民国初年，天津的大盐商李上珍在斋堂成立了煤矿公司，他听说灵水的煤层厚，质量好，就在这里开了一座“缸窑”。为了保护村里的自然资源，灵水村的一些村民秘密拆毁窑上的小铁道，锯断电线杆，结果这座煤窑坚持了不到两年，就被灵水村民给“挤”跑了。

在灵水村的村口建有一座过街楼，上面供奉有关帝、窑神和马王。下面的券洞原来是进村的必经之路，为限制开采煤炭的数量，灵水村有一条不成文的规定，开采出的煤炭在外运时“只许人背驴驮，不许马拉车拽”。可见，早在100多年前灵水村民就已经有了保护自然资源、可持续发展的意识，这与灵水村读书人多，村民的整体文化素质比较高，不无关系。

核桃晚打

灵水村盛产核桃，所产核桃皮薄易剥，籽仁饱满，油量高，味道香甜，在市场上享有盛誉。在民国时期，天津的商行曾有“不见灵水核桃不定价”之说。按照传统的习俗，北京西山地区都是“白露打核桃”，灵水村原来也不例外，但举人刘增广认为“白露打核桃”是适用于平原和浅山区的一句农谚，灵水村地处深山区，气温较低，农作物生长慢，农时也比平原和浅山区要晚，因此他主张核桃晚打十天。村民们进行了试验之后，果然得到了益处，核桃仁更加饱满了，皮也更好剥了，产量也增加了，此后大家就争相效仿，从而成为当地的一种风俗，那句农谚也被灵水村民改成了“白露十天打核桃”。

在灵水村，还有一种奇怪的现象，就是在许多核桃树下的树盘里，都堆有一些黑色的石头，其实这就是在产煤地区常见的煤矸石。在采煤过程中伴生的废料、煤层周边的岩石和煤层中的夹石，这些都是不能燃烧的，统称为煤矸石。这些废弃物既污染环境，又占用土地，一直是煤炭产区一个难以解决的问题。灵水村人认为，煤矸石不全是废料，其中的一部分煤矸石还有利用价值，特别是煤层中的夹石可以用作肥料。用煤矸石圈围核桃树，经过日晒雨淋，其中的煤炭成分很快就被风化了，风化了的煤矸石及煤粉随雨水进入土壤，能使核桃树长势特别好，挂果也多，核桃的个头也大，产量也有所提高。灵水核桃皮薄、个头大、含油量高、品质好，也与当地百多年以来用煤矸石作为果树的肥料不无关系。

由于灵水核桃在市场上享有盛誉，在早年间，凡是京西出产的核桃，有许多村子都借用“名牌效应”，打着“灵水核桃”的旗号上市，但是质量和真正的灵水核桃相比是不一样的，其中可能就有他们的核桃缺少煤矸石特殊肥料的原因。

共喝秋粥

在灵水村有一种特殊的风俗，这就是每到“立秋”这天，全村人同喝“举人粥”。所谓的“举人粥”其实就是用各种杂粮熬粥，所用杂粮来自全村各家各户，村民们在街道上支起大锅，熬好粥后大家一起喝。

其实共喝杂粮粥并不是灵水村独创的，在北京西山地区，自古就有全村人共喝“杂粮粥”的习俗，不过不是在“立秋”，而是在“立夏”这一天，是祭祀虫王爷的一种方式。第一碗杂粮粥一定要撒到自家的田地里喂虫子，意思是“我敬你为神，你不要吃我的庄稼”。

灵水人将“喝粥节”由“立夏”改在“立秋”，是源于一个真实的故事。清康熙七年（1668）斋堂地区发生水灾，灵水村的刘应全、刘懋恒父子捐谷1700石，赈济灾民；康熙二十一年（1682）斋堂地区再次发生水灾，刘懋恒又捐出粮食1000石赈济灾民。当时刘家搭起席棚就在“立秋”这天，熬粥舍粥，使受灾村民渡过了灾荒。为了纪念此事，灵水村民就把立秋节改为了“秋粥节”，每到立秋这天，就在街道上支起大锅，你出一把米，我出一把豆，没钱的就添一瓢水、加一把柴，然后大家共喝“秋粥”。

“共喝秋粥”也是村民们聚会、促膝谈心的一个好机会。大家凑在一起，可以相互交流生产经验、商业信息，也可以传播社会上的奇闻逸事，讲故事说笑话。除此之外，还有一个更重要的作用，那就是和谐邻里关系。大家同在一个村子里住着，低头不见抬头见，平时难免有个抬杠拌嘴、马高镫短，闹个别扭什么的。到了这一天，大家同喝一个锅里的粥，边喝粥边聊天，邻里之间平时有什么矛盾，借这个机会也都可以把话说开，矛盾也就化解了。

一年一度的“秋粥节”已经成为灵水村的文化品牌。“灵水秋粥节”并不是简单的村民在一起喝杂粮粥，而是以优秀传统民俗为主要内容的传统文化综合体，是灵水村优秀传统文化的集中表现。“灵水秋粥节”已经被列入北京市非物质文化遗产保护名录。

琉璃渠村

琉璃渠村坐落于永定河西岸的出山口处，以烧制皇家琉璃闻名，其琉璃烧制技艺是国家级非物质文化遗产。

因为西山大道自村中穿过，琉璃渠村交通便利。因此自元代初年该村设立琉璃窑场始，至清乾隆二十年（1735），京城窑场全部迁至此地，该村与琉璃结下不解之缘，也因为琉璃烧造业的兴旺发达，带动了经济的繁荣和发展。

琉璃渠村是皇家建筑材料琉璃的重要生产地，明清时期被称作“琉璃厂”。琉璃渠村的琉璃烧造工艺是该村传承近千年的技艺，出产的琉璃制品为明、清皇宫的专用制品。新中国成立后，村中烧制的琉璃制品还曾被用于人民大会堂、毛主席纪念堂、历史博物馆、钓鱼台国宾馆及北京西站等建筑，琉璃渠村也因此获得“琉璃之乡”的美誉。2007 年 6 月，琉璃渠村被评为“中国历史文化名村”；2012 年 12 月 17 日，琉璃渠村被住房和城乡建设部、文化部、财政部公布为第一批中国传统村落。

▲ 琉璃渠村牌楼

▲ 琉璃渠村过街楼

地理视角看生产

北京是我国古代北方的重镇，西周时的诸侯国燕国和西汉时的广阳城都设在这里，又是辽、金、元、明、清五朝都城所在地，大量的宫殿、园林、陵墓、佛塔、寺庙及各种陈设器具等无不与琉璃有关。琉璃是具有浓郁中国特色的建筑装饰品，古时的琉璃烧制并不用煤，而是用价格昂贵的松木，所以从某种程度上说，琉璃是古代建筑名副其实的奢侈品，但大量琉璃制品仅靠外地进贡是不够的，而且成本也大，就近烧制更为经济。

琉璃窑址

根据史料记载，过去学者多认为北京琉璃窑是元代始烧，元代以前正史无载。1974 年以后，北京地区陆续发现出土了不少辽金时期的琉璃制品，但窑口均未定。北京市考古学会理事、中国古陶瓷研究会理事赵光林先生认为，辽金时期宫廷建筑使用的琉璃除外埠支援外，还应来源于京西一带，因为这里不但产坩子土和煤，而且水源充足，交通便利，距京城亦近，是建窑烧造琉璃制品最理想的地方。

1957 年第一次文物普查时在门头沟区的龙泉务村发现了瓷窑遗址；1983 年门头沟区龙泉务村在兴修水塔工程时，出土了琉璃三彩菩萨像和一些彩残片，而且还在一件琉璃器座残片上发现“寿昌五”纪年刻字，这一发现为北京地区出土辽金琉璃制品的产地提供了线索。通过对龙泉务窑址抢救性发掘，在地层的第四层中出土了一块三彩方碟残器，根据地层包含物分析，确定其时代为辽代中期，说明北京地区早在辽代中期就有琉璃烧造，并且窑址就在门头沟区的龙泉务村。

从龙泉务到琉璃渠

门头沟区蕴藏着丰富的坩子土资源，是北方地区烧造瓷器和琉璃的上等原料，同时门头沟区盛产煤炭，特别是龙泉务、琉璃渠两村，均位于永定河的出山口、古西山大道的入山口，水路、陆路交通极为便利；周围蕴藏着大量的煤炭和坩子土资源；又临近永定河、水源充足；加之距京城近，是建窑烧造琉璃制品最理想的地方。

通过考古发现，门头沟区最早烧制琉璃的地方在龙泉务村，后来逐渐转移到琉璃渠村。烧造窑址之所以会从龙泉务村转移至琉璃渠村，主要是受到地理因素的影响。从位置上看，龙泉务村与琉璃渠村相距不远，都接近永定河，水源充足。但烧制琉璃属于资源型产业，从其所需的煤炭及坩子土等原料来源看，琉璃渠村较龙泉务村更接近原料地，生产琉璃的成本更低，更有利于琉璃制造业的发展。此外，北京地区属于温带季风气候，夏季高温多雨，冬季寒冷干燥，降水的年际变化大。永定河水不仅夏季易出现洪涝，且年际变化大，窑址建在龙泉务村极易受到永定河水的威胁。而琉璃渠村位于龙泉务村的西南，地势较高，不易受到

▲ 厂商宅院

▲ 万缘同善茶棚

永定河洪水的威胁。再加上连接北京与外埠的重要通道——西山大道就从琉璃渠村穿过，便利的交通更加凸显了琉璃渠村烧造琉璃的区位优势。

琉璃村中赏琉璃

过街楼

琉璃渠村的过街楼位于琉璃渠村东口，坐西朝东，是琉璃渠村最显著、最具代表性的建筑，也是村内最高的建筑。过街楼券洞之上的殿堂供奉有文昌和三官，因此称之三官阁；每逢正月，城台上都要点灯，因此又称灯阁。

过街楼上供奉的文昌是中国神话中主宰功名利禄的神，多为读书人所崇祀，至于供奉的天、地、水三官，民间有天官赐福，地官放罪，水官解厄的说法。供奉以上诸神，反映出作为琉璃烧造负责人的赵邦庆追求功名利禄和希望天下太平、买卖兴隆、财运亨通、逢凶化吉的心理，其实也代表着普通百姓的心理要求。因此建过街楼也是一举多得的事。

过街楼是砖石结构，券洞是用青砖发券，城台上镶嵌着琉璃额，东曰“带河”，西曰“砺山”。砺，磨刀石；山，泰山。带，衣带；河：黄河。其含义是：“直到泰山变得如磨刀石那么小，黄河变成衣带那么细窄”，为“千秋万代永受皇恩”之意。琉璃渠村自古以来以烧制象征皇权的官式琉璃制品而闻名，官式琉璃不是一般的商品，而是钦工所用，所以村内琉璃官窑厂几百年来备受皇恩，世代相传。券洞上方西侧用青石镌刻“众善奉行”“诸恶莫作”。城台之上建有殿堂三间，硬山挑大脊，黄琉璃覆顶，正脊由黄绿琉璃构件组成，大脊正中置墨绿色门楼，门钉历历在目，黄色抢框。门楼顶上站立着身驮宝瓶、黄绿相间的琉璃宝象。门楼两侧是精美的琉璃鸱吻。大脊上，相对而立的十只黄色琉璃小兽及垂脊上的十只黄色琉璃小兽，惟妙惟肖，栩栩如生。大脊外端的鸱吻形象奇特、神态逼真；脊饰上的腾龙，张牙舞爪作腾空欲飞之状。整个大脊造型华丽，琉璃构件雕琢精美，色彩绚丽，有很高的艺术价值，也反映出琉璃烧造业的高超水平。在《琉璃局文昌东阁记》碑上，对当时创建过街楼有过翔实的记载“神京西五十里许，有琉璃局者，以烧琉璃著名也。由王朝景，赵邦庆等首倡，集局民共议，众人踊跃称善捐资鸠工。庀材全石为台，构木为门，下辟洞门便行人也，不数月厥工。阁之上，东向文昌、三官足以消除灾祸也”。

建成后的过街楼金碧辉煌，颇为壮观，成为琉璃村标志性建筑。过街楼就是一件实实在在的琉璃成品，无形中对南来北往的客商们也起着广告的作用。过街楼券洞进深达 10 米，宽也有 3 米，高 3.5 米，宽敞高大，可并排驾驶两辆马车，至今仍在使用。站在过街楼上，东望“浑河如带”，永定河水在阳光的照耀下，宛如一条灿烂耀眼的玉带子。每逢七月十五星夜放河灯时，过街楼上会点燃数十盏用彩色玻璃纸糊（起防风作用）的油灯，绚丽多彩，五光十色。

琉璃渠过街楼是北京西山地区众多过街楼中最精良、最讲究的过街楼，历经250多年的风雨，依然屹立在京西大地，向世人展示着古代先人们的聪明才智和琉璃烧造业的精湛技艺。

厂商宅院

从过街楼穿过前街不足百米，映入眼帘的是一座标准的二进制四合院，这就是厂商宅院。院落坐北朝南，整座建筑均以回廊相连，总建筑面积500多平方米，这是一座规划严谨、标准的四合院，是原汁原味、按等级设计的清代建筑。厂商宅院因面积大，也被当地百姓俗称花园子。

清乾隆年间，原来设在北京虎坊桥海王村，是专为宫廷烧制琉璃制品的御窑，后迁至北京西山永定河畔的琉璃渠村，由祖籍山西榆次县南小赵村的“琉璃窑赵氏”世家经营。清同治、光绪年间，赵氏第十六代传人赵春宜主持窑场事务，受封五品蓝顶子，建于当时的这座宅院曾是清工部琉璃窑场的办公处所。

宅院有三间正房，面阔10.5米，进深7.6米，硬山大脊，筒瓦板瓦合瓦，戗檐砖雕刻精美，青石台基高约半米，五级台阶有垂带，廊子覆小筒瓦，勾头滴水万字纹。两侧各有两间耳房，两厢配房各五间，硬山元宝顶，覆板瓦，青石台阶高约半米，厢房两侧也有耳房。但垂花门已于1958年被拆除。门楼开在东南角，取紫气东来之意，墙体磨砖对缝院内方砖铺地。宅院内采用地炕及四面火墙环绕而成的供暖系统，俗称盘缠；房顶铺有用以防雨的锡被，这在当时价格昂贵，不是普通人家铺得起的。

赵春宜，字花农，一生喜好养花，他在宅院的里外、前后种满了鲜花树木。院内两棵高大挺拔的梧桐树，枝繁叶茂，充满生机；一小片竹林，青翠欲滴，恰到好处；院内他亲手栽种了牡丹，色彩艳丽。院外还开辟了四十亩荷塘（今北京琉璃瓦厂厂区），东侧的廊子取名“东临听雨”，西侧的廊子取名“西阁望雪”。院落一年四季皆有景。春季牡丹花开，姹紫嫣红；夏季坐于廊中，听雨打竹叶声；秋季欣赏满塘的荷花；冬季遥看西山晴雪。

民国时期，琉璃渠窑厂日渐衰落，厂商宅院也日渐冷清。新中国成立后，该院一直是北京琉璃制品厂的办公及家属所用。1985年门头沟区人民政府批准琉璃渠厂商宅院为区级文物保护单位。

万缘同善茶棚

建于清代的万缘同善茶棚，是清同治、光绪年间主持琉璃烧造业的五品官员赵春宜专为妙峰山庙会南道香客所建。这条香道原来是从三家店向北经军庄，再向西到陈家庄，进入西北涧，经仰山到妙峰山，并不经过琉璃渠村。而赵春宜为提高琉璃渠村的知名度，促进本村的发展，于是拿出了一年的俸禄，建造了这座茶棚，并取名“万缘同善”，免费提供食宿，以供香客途中歇脚之用。自此以后，妙峰山香道改为从三家店西渡永定河，从万缘同善茶棚到龙泉务西，再到野溪河滩渡口，过河到陈家庄，与中南道汇合后上妙峰山。虽然这条香道距妙峰山路途最远，但因为沿途风景秀丽，加之琉璃渠村茶棚提供免费食宿，经此路进香者反而最多，约占进香人数的一半以上。

万缘同善茶棚的正房坐东北朝西南，面阔三间 10.65 米，进深三间 10.4 米，勾连搭式，前为卷棚顶，后为硬山大脊，绿琉璃瓦顶，带吻兽，排山沟滴，绿琉璃博风，龙纹勾头滴水，黄琉璃戗檐砖墙体磨砖对缝，七级台阶有垂带。屋内立用两根明柱分出前后间，室内梁架沥粉苏式彩绘，外缘檐旋子彩绘，沥粉绘龙，方砖铺地。前间两侧的山墙上，各嵌有两块写着“为善”“最乐”的二尺见方菱形琉璃件，四周是精美的琉璃花饰。后间正中原供有一尊五彩琉璃观音坐像，所用供品皆为琉璃制品，可惜今已不存在。院内两侧厢房各五间，面阔 16.7 米，进深 5.2 米。硬山卷棚顶，上覆青石板，绿琉璃筒瓦压拢，五级台阶有垂带。院内方砖铺路，青条石甬道，大门为木质乌头门，柱头雕花，九级台阶。门外八字墙上嵌有四块分别写有“万”“古”“长”“青”透明釉底的菱形琉璃框。

关帝庙

据赵氏后人讲，同善茶棚所用的琉璃砖瓦及构件与故宫的用料相同，都是由本村窑厂烧制并在朝廷备过案，还请用了少量的皇家才可以使用的黄琉璃，大门所用的木料均是潭柘寺送来的上

▲ 关帝庙

等柏木，皆因琉璃窑厂每年都会给潭柘寺送许多琉璃砖瓦，供其修缮寺院所用。

万缘同善茶棚，是妙峰山香道所建的80余座茶棚中规模最大、建筑最精良、保存最完好的茶棚；是研究北京琉璃烧造业极其珍贵的实物遗存，是研究妙峰山香会不可或缺的组成部分，更是琉璃渠村发展旅游的一处亮点。1985年门头沟区人民政府批准万缘同善茶棚为区级文物保护单位。

关帝庙据说也是赵氏家族的人所建。关羽是三国时期的重要人物，他忠勇神武，集忠、孝、节、义于一身，死后被封建统治者封为无所不能的神。旧时江湖义士均以关羽为楷模，普通百姓也拜关羽为心中的偶像，我国各地尤其是农村地区建有很多关帝庙。神化的关公，具有司命禄、佑科举、治病除灾，招财进宝，庇护商贾的全能神力。百姓不仅求雨有赖于关帝，就连消灾除病，家庭和睦等方面都有求于关帝，特别是关羽还被人们奉为发财致富、招财进宝的保护神。

这座建于清代的关帝庙，坐西朝东，是个标准的四合院。由正殿、配殿、耳房、倒座门楼组成，四周绕以山墙。庙内有正殿三间，面阔11米，进深6.3米，硬山大脊，黄琉璃瓦覆顶，正脊上有吻兽，垂脊上有五只小兽。墙体磨砖对缝，八级台阶有垂带。正殿大门两侧挂有一副对联，上联是“临大劫而不可夺也”，下联是“非圣人焉能若是乎”，门楣上的横批“威名遐尔”。正殿内正中建有精美的琉璃须弥座龛台，供奉关公坐像，两侧有琉璃砖台，左供周仓手牵玉兔马，右供关平肩扛青龙偃月刀，气势威武。正殿两侧各有耳房一间，硬山式，元宝顶，五级台阶有垂带。南北配殿各三间，元宝顶，勾头滴水，勾头有龙纹，潭字纹等，木窗为工字饰，五级台阶有垂带。南配房供奉着观音，北配房供奉有灶王。院内铺方砖，倒座供奉神像，门楼额上有琉璃匾，写有“亘古一人”。

琉璃渠村的关帝庙平时大门不关，人们可以随时到庙内祭拜关公，庙内香火很盛。关公生日或祭日时，村中还要组织公祭关公的活动。

关帝庙也是琉璃村一座较有价值的古建筑。1985 年 12 月门头沟区人民政府批准关帝庙为区级文物保护单位。2004 年琉璃渠村对关帝庙进行了修缮。

龙王庙遗址

琉璃渠村位于永定河畔，虽水源充足，但水患时有发生，加之村中的绝大部分为山坡地，引水较为困难。所以建座龙王庙，祈祷龙王能够风调雨顺，百姓无灾无难。

琉璃渠村的龙王庙位于过街楼内侧。坐北朝南，有正殿三间，面阔 10.05 米，进深两间 6.5 米。据《宛署杂记》中记载，明嘉靖年间重建龙王庙。筒瓦砖吻兽，排山沟滴，供奉龙王；东西配殿各三间，倒座五间，面阔 10 米，进深 4.6 米，硬山箍头脊，排山沟滴，供奉马神。门楼开在东南角，院中有一棵枝繁叶茂的大槐树，树上挂着一口大铁钟，1958 年大炼钢铁时，大铁钟被砸碎了炼钢铁。

庙内的倒座后墙临街，挂着一排门板，卸下门板便可看见供奉的马神。西山大路自此经过翻丑儿岭、牛角岭、经韭园、石古岩、王平村、吕家坡、王平口、板桥、庄户到千军台；越大寒岭、过煤窝到军响；经斋堂、上黄草梁到河北省怀来。此路在旧时还是比较繁忙的，运输主要工具是马、骡、驴等。大批商贾驮队，从此经过时，都要停下来，一是拜拜马神爷，祈求保佑骡马健壮，无祸无灾，路途顺利，财源广进；二是从此处就开始爬山了，驮队可以歇脚，给牲口加点草料，做些准备工作，所以龙王庙还有驿站的作用。

但龙王庙在“文革”时期被毁，今只剩废墟。

沿河城村

沿河城村位于门头沟区斋堂镇东北部，坐落在崇山峻岭中的一个巨大峡谷中，海拔约385米。虽然是明代修建的一座边塞小城，却是西山地区军事文化中最重要的一处文化古迹。沿河城南倚城子坨，北靠永定河，水流清澈，岸边绿树成荫，是一个依山傍水、风景秀丽的京西古村落。村子依然保留有城垣，厚重而高大的城墙围裹着东西走向的整个村庄，东、西、北三面为直线直角，南面依山势蜿蜒形如弯弓，全部以巨大的石块砌成，甚为壮观。

▲ 沿河城

▲ 沿河城西城门

在明代中期，蒙古骑兵不断袭扰北京地区，最严重时曾打到北京城下，北京西山正是其南下的必经之路，为了加强北京的防卫，明政府在原北京城的基础上增修了一个外城。除加强北京城的防御外，明政府还强化了西山地区交通要道的防御设施建设，沿河城正处于永定河大峡谷的通道上，因此战略位置极为重要。

沿河城作为一个十分重要的军事遗址，1984 年，被北京市政府公布为第三批文物保护单位，现为国家级文物保护单位。

走近古村

追溯历史，沿河城地区自新石器时代即有人居住，金代成村以来，沿河城的村名经历了一个演变的过程。沿河城地处刘家峪沟与永定河的交汇处，故最早名称为三岔村；明永乐四年，政府在此驻军，设守御千户，始称沿河口。

由于沿河城的地理位置重要，加之明代中期此处不断有当时蒙古骑兵的骚扰，明代遂于景泰二年（1451）在此地设卫所官员守备驻防。明正统十四年（1449）“土木堡之变”后，明代宗皇帝倍加关注与土木堡近在咫尺的京城防务，进一步推动了三岔村沿河口地区的发展。明嘉靖三十三年（1554），在此处的军事驻防从守御千户升级为守备府，并修建了沿河口守备公署。明万历六年（1578）又修建了城垣。自此沿河口逐渐被沿河城所代替，以致沿河口的地名为其他地区所用，也即今沿河口村落。

修城之后，附近山民陆续搬到沿河城中居住，渐成五业兴旺、人烟辐辏的一个山间小城。沿河城东西南北俱有门，东西长500米，城周长1182.3米，东、北、西三面为直角，南面为弓形。城墙用条石和巨型石块砌就，城门是砖石结构，东门上的匾额写着“万安”，西门上的匾额写着“永胜”。沿河城东西长，城池走向与永定河流向一致，一条大道纵穿东、西大门，又把沿河城分为南、北两部分，故东西城门为人员过往的通道。从周边地形看，沿河城所在地势南高北低，北门小而低，主要用于城市排水；南门建在山上，南北遥相呼应。

站在村东的高地回观沿河城，从其所处的地貌部位看，沿河城坐落在永定河河谷不同层级的阶地上。在河谷地貌中，阶地是在洪水期也不会被淹没的位置，沿河城建立在阶地上，可以免受洪水的威胁。从房屋的朝向看，与平原地区坐北朝南的朝向有很大不同，沿河城民居大都坐南朝北。这是由于沿河城坐落在永定河南岸，南岸的地势为南高北低，受地势影响，房屋大多朝向无遮挡视野开阔的方向。

在辖域方面，明代大体以永定河为界，永定河以北，行政上归昌镇管辖（相当于现今的昌平区一带），军事上归居庸关管辖；永定河以南，行政上归真保镇管辖（相当于现今的保定地区），军事上归紫荆关管辖。北京西山地区军事防御体系中不仅有城池，还有敌楼等设施，从沿河口守御千户升格为守备府再到正式修建守

▲ 沿河口 4、5 号台敌楼

▲ 明守备府遗址

备公署，沿河城成为当时北京西山地区举足轻重的军事防御指挥中枢，防御沿河等 17 处隘口，其下辖关隘防御敌楼均以“沿字”号排序。

临近沿河城西北方向的永定河北岸，仍保留有沿河城敌楼 1 号台的遗迹，目前尚有三分之一建筑遗存。与沿河城 1 号敌楼相对应的是位于永定河南岸的 2 号敌楼。由于 1 号敌楼所处的位置是河流的凸岸，依据河流曲流凹岸侵蚀、凸岸堆积的原理，1 号敌楼所处的位置不易被水冲毁，因此至今仍有保留。

沿河城 2 号敌楼毁坏严重，遗迹已经消失。从军事防御需要考虑，推测 2 号敌楼应该是建在了永定河南岸，因为这里处于河流的凹岸，侵蚀严重；从受河流影响的角度看，2 号敌楼位于沿河城村西永定河一级阶地上，这里虽相对不易被水流冲毁，但 2 号台的位置正处于通往村里的交通线旁，村民自建用房的石料、用砖多取自于此。这些因素的叠加，也就加剧了 2 号台敌楼遗迹的消失。

除沿字 1 号台、2 号台外，现沿河口村（石羊沟沟口处）村北，还保留有非常完整的沿字 4 号台敌楼与 5 号台敌楼，沿字 3 号台敌楼则位于石羊沟里约 500 米处。沿字 4 号台敌楼与 5 号台敌楼分别位于石羊沟沟口半山坡上，位置更加接近沟口。石羊沟为古代重要交通线，敌楼的作用主要是防御，建在半山坡上扼守沟口，易守难攻，便于防御。

沿字4号台敌楼保存较好，没有经过任何修复，为明代中期原物；5号台总体保存尚好，除敌楼顶部作了部分修缮外，其他均未作修复。沿河口村成村历史悠久，为明代军户村演变而来。其当时为守军家属聚集而成，平时耕作为民，战时拿枪为军，位于石羊沟口便于为守军提供支援。

随着大清帝国的稳定，尤其是清朝皇帝推行民族融合，不再注重长城防御，沿河城的军事地位也随之下降。

走进古村

作为军事要塞，沿河城并非空城一座，还有许多附属的军事设施建筑。如城东有守备府衙（清为都司府），城东北角设有营房、小校场，城西南制高点上设有大板仓、望警台；城外西关设有哨楼、火药楼，再往西则有过营岗、大校场、点将台、演武厅、夏辕等设施。虽然这些建筑大多已不复存在了，但遗址尚存。

明守备府清都司府

明守备府清都司府，位于城东街南，现在被百姓称为“花大门”，也称“上衙门”。明嘉靖三十二年（1553）正式修建沿河口守备公署，府衙修建25年后，沿河城开始修建沿河口城垣。沿河城作为京畿西陲军事守备中枢，驻防之官明时为五品守备、清时为四品都司。清代的都司府，又叫都阃府。“阃”，指统兵在外的将军，“都阃府”是清代正四品武官都司的别称。“上衙门”其实非官方语言，是老百姓对明代守备府、清代都阃府的私下称呼。此处当初是一连数进院，规模宏大，有大堂、二堂、三厅，两边是厢房过道。1901年八国联军入侵时，被烧成一片白地。1919年，武营解散，沿河城沦落为普通的行政村，再无外派之官。后被财主师义文买了这块火场地，重新建起地主庄园，虽则华丽，但已远非当年衙门景象。

小校场

小校场位于沿河城内东北角，与营房、上衙门相近。每日清晨，城内驻屯之军听到衙门里号兵吹响长长的军号，便迅速在小校场齐队，在官长督率之下操练竞技。现遗址为沿河城民房所在。

营房

营房在沿河城上衙门东北，北门之东，小校场旁边，当年是驻军之所。明代政治家、军事家、文学家贾三近，于万历十二年（1584）升为都察院右佥都御史（巡抚保定），沿河城乃其下辖直管之地。贾三近一到任，便马不停蹄地来到真保镇的最东北端前哨阵地、隔永定河与昌镇相望的沿河城巡视，当夜驻跸于此，有感于沿河口山险地雄，而作两首七律，并制成诗碣，以表达自己立志报国的赤胆忠心。目前，营房之处已成为民居之所。

大板仓

大板仓位于沿河城制高点南城墙之上。明景泰三年（1452），在斋堂设立了储粮屯草以备军用的斋堂仓。明天顺五年（1461），应紫荆关署都指挥左能奏请，朝廷下令取消了斋堂仓。明嘉靖二十四年（1545），据巡按御使黄洪毗关于“沿河口……添一仓，储米粮”的建议，在沿河城制高点南城墙之上兴建大板仓，做当地驻军囤粮之所。该仓现在唯留遗址。

望警台

望警台位于沿河城制高点大板仓之下。沿河城驻屯将佐派人在此，观望由此到塞外相沿成线的烽火台有无警报，以早做应对决策。沿河口守备府、都阃府的预警系统分三个层次：第一层次便是望警台，其地势最高，在沿河城城垣制高点大板仓之下；第二层次是西门外西关南侧山岗上的哨楼，其地势比望警台略低，但仍能俯瞰全城，任何风吹草动尽在眼中；第三层次是西关外的过营岗以及王龙口村下面龙潭湾等处的哨位卡子。三个层次的预警系统高中低、远中近相结合，互为依靠、互为补充，形成综合立体的预警系统，防患于未然，以备事有缓急作应对准备。

站在沿河城，遥想当年，正是这些崇山峻岭之上的重关壁垒，一可当万，才使得北京城宫墙内的帝王们安枕。

▲ 大板仓遗址

古道、西风、瘦马，从商旅往来到朝佛拜神，从攻防战守到文化交流……这一切都通过掩映在北京西山的山间古道，交融汇聚。京西古道以西山大路为主干线，与纵横南北的支线连接，蜿蜒曲折，日久年深，仿佛一首跨越时空的足音。

第四章　西山古道之美

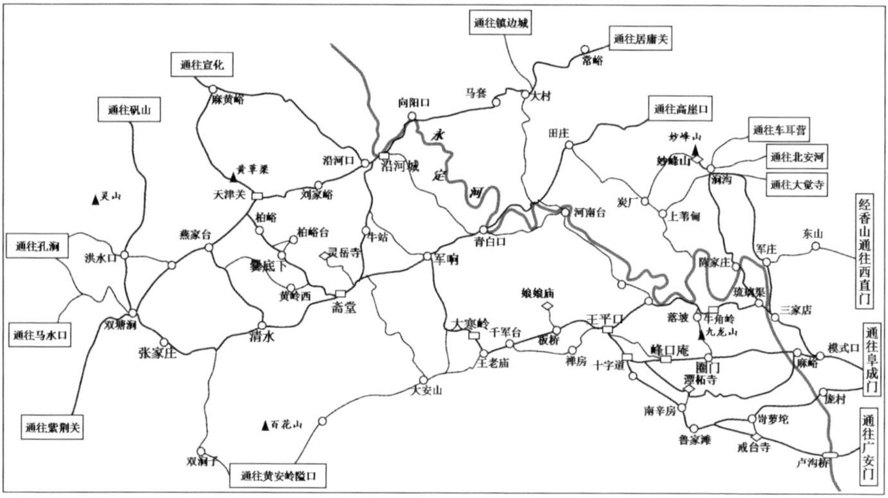

通往镇边城
通往居庸关
常峪
通往宣化
马套
大村
通往矾山
麻黄峪
向阳口
通往高崖口
田庄
通往车耳营
永
定
河
妙峰山
通往北安河
妙峰山
涧沟
通往大觉寺
沿河口
沿河城
黄草梁
天津关
刘家峪
灵山
炭厂
上苇甸
河南台
柏峪
柏峪台
经香山通往西直门
燕家台
牛站
青白口
东山
通往孔涧
洪水口
灵岳寺
军响
军庄
爨底下
陇家庄
黄岭西
娘娘庙
琉璃渠
斋堂
三家店
双塘涧
王平口
落坡
牛角岭
九龙山
大寒岭
千军台
板桥
通往阜成门
模式口
峰口庵
通往马水口
清水
张家庄
禅房
十字道
圈门
麻峪
王老庙
潭柘寺
大安山
南辛房
庞村
通往紫荆关
百花山
岢萝坨
通往广安门
鲁家滩
戒台寺
双涧子
卢沟桥
通往黄安岭隘口

▲ 京西古道示意图

京西古道并非特指某一条或几条道路，京西古道是因村落往来、地域往来而相互交织成的一张道路交通网，覆盖北京西山大部地区。

从道路的性质看，京西古道可分为商道、军道、香道等不同类型，但不同类型之间并没有严格的界限。

由于北京西山地区是北京通往河北、山西等地的必经之地，河北、山西与北京之间的商品大多通过京西古道进行商贸往来，加之北京西山地区本身物产丰富，所产煤炭、石灰、木材等也需经此道向北京或河北、山西等地进行往来转运，因此商业的性质决定了京西古道在诸多道路中占有重要地位，也是保留历史遗迹最多的古道。

北京西山地处内蒙古高原和华北平原的交界处，是汉族聚居区的北隅也是北方少数民族游牧生活区的南限，两种不同的社会文明交会于此，使西山地区必然成为两大文明的冲突之所，也就决定了北京西山在军事上的重要地位，军事防御与军事物资的运输也必然成为西山古道的功用之一。

自东汉明帝十年（67）佛教传入中国，西晋愍帝建兴四年（316）以潭柘寺的始建为标志，佛教传入北京西山地区。北京西山地区宗教活动逐渐活跃，寺庙数量也逐步增多，到明、清两代西山地区寺庙达到鼎盛。除了佛教的寺庙之外，还有道教及其他为了祭奠先祖和鬼神所专门修建的庙宇，前来开展宗教活动的善男信女频繁来往于居所与宗教活动场所之间，西山地区众多香道因此应运而生。除此之外，西山地区各村落之间婚丧嫁娶、走亲访友、节日庆典等活动交流，也成为京西古道文化的重要组成部分。

古道、西风、瘦马，从商旅往来到朝佛拜神，从攻防战守到文化交流……这一切都通过掩映在北京西山的山间古道，交融汇聚。京西古道以西山大路为主干线，与纵横南北的支线连接，蜿蜒曲折，日久年深，仿佛一首跨越时空的足音。可以说，京西古道构成了与大自然相谐的无与伦比的人文奇观，是京西古代文化的重要标志和历史见证，也是展示北京市深厚历史内涵的一个独特的侧面。历经百年，这些古道虽然已经残破颓败，但风韵犹在，今天的人们还可以沿着京西古道怡情漫步、抚古追今。

商旅古道

北京西山的古道密如蛛网，最主要的是用于贸易往来的商旅古道。其中最著名的有玉河古道、西山大道和斋堂川古道。商旅古道的形成，在很大程度上和门头沟区的煤炭密切相关。元明清以来，京城百万人家，皆以煤炭为薪，王平口关城旁清咸丰年间修城碑刻中记载着“牲畜托运煤炭昼夜不断”的景象。

玉河古道

玉河古道是指从今石景山区麻峪村起，跨过永定河进入门头沟区大峪村，经圈门的门头口村、官厅至王平口的一条古代道路，全长约 27.5 千米。这条古道修建于唐末，是门头沟境内有史可考最早的一条人工修筑的道路。

唐末五代时割据幽州（今北京地区）的藩帅刘仁恭拥兵自重，称霸一方。为了转输钱粮，刘仁恭在玉河县境内的山中修筑了一条道路，名“玉河大道”，后世将这条古道称为“玉河古道”。玉河古道在后来的辽、金、元、明、清均有补筑修缮，所经之地也是门头沟区主要产煤地，是门头沟区一条向外运输煤炭的重要道路。今天在古道路面上仍能看到遗留散布的清晰蹄窝印记，沿途古庙、关城遗址犹存，极富历史文化价值。

▲ 玉河古道峰口庵

▲ 西山大道

▲ 斋堂川古道

西山大道

西山大道东端的起点在京西著名的大商埠三家店。从门头沟区的三家店过永定河到琉璃渠村，从琉璃渠村开始进山，翻过丑儿岭、水峪嘴、牛角岭，走石佛岭，最后到达王平口。该古道是北京西山地区历史最悠久的一条古道，也是京西古道中使用时间最长的一条，直到 1977 年下（下苇甸）清（清水）公路通车，才自然废止。

西山大道与其他从平原地区而来的古道在王平口会合成一条，出王平口向西北至庄户村、千军台村、王老庙。在王老庙，又分为两支，一支向西南去往房山区大安山；另一支向西北去往大寒岭，古道过了大寒岭，就进入了斋堂川。从大寒岭向西下山经煤窝四村到军响村，从这里向东可到永定河与清水河相汇的青白口，向西沿清水河可至斋堂；向北经桑峪、灵水、书字岭可到沿河城；向南经通州峪可到大安山，从大安山经金鸡台、史家营到达河北。

由此可见，西山大道可谓四通八达。

斋堂川古道

从军响村向西，经东胡林、东斋堂、西斋堂、高铺、下清水、上清水、杜家庄、张家庄、齐家庄，就到达了门头沟区最西端的小龙门村，这条路线便是斋堂川古道的主路。从这条主路上，又分出来通往斋堂川各村的许多支叉，这些延伸线与斋堂川古道主道一起，构成了斋堂川地区纵横交错的古道网络。

斋堂川古道的另一条主路是从斋堂向西，进小北沟，经青龙涧、双石头、爨底下到柏峪村；从柏峪村向西，经天津关（牛家村），走二道城子，翻越黄草梁，可到达河北省怀来县的麻黄峪。在这条主路上也分出两条支线，一条通往黄岭西村，另一条通往柏峪台村。

军事古道

军事古道，顾名思义就是军队调兵遣将、转运军资的道路。北京西山战略位置十分重要，是天然的军事屏障，而交错在群山之中的京西古道也就成了北京西部重要的军事交通线，很多军事物资均需通过京西古道运输，不少古道周边现还保存着关城、敌台等军事遗址。

汉代时，北京西山地区的军用道路就已经四通八达。至唐代，幽州（北京地区）是朝廷在北方的军事重镇，唐末卢龙节度使刘仁恭所筑的玉河古道在当时所起的作用并不仅仅体现在经济方面，更重要的是在军事方面。

北京城历史上的多次易主均与北京西山军道有密不可分的联系。

溯史说道

五代后梁贞明三年（917），契丹兵围幽州，梁将李嗣源自此道出奇兵与契丹军在今门头沟区大峪、河滩一带展开激战，后来成为后唐明宗皇帝的李嗣源击败辽太祖耶律阿保机数十万契丹大军，解了幽州之围。这就是历史上著名的“李嗣源救幽州之战”。

北宋太平兴国四年、辽保宁十一年（979），宋军北伐燕云，兵临辽南京（今北京）城下，辽将耶律休哥走西山大道，迂回驰援幽州城，在今西直门外的高梁河大败宋太宗赵光义统领的大军。

100 多年之后，北宋与金联手灭辽。战争结束后，宋占据辽南京，更名为燕山府。然而好景不长，燕山府归宋不久，金国即准备南下攻宋。大将粘罕考虑到当时山后的奉圣（今河北省涿鹿县）、儒（今北京市延庆县）、妫（今河北省怀来县）等州都在宋军控制之下，且居庸关一线还有宋军重兵把守，金军无法从正面进攻，便决定从南到北迂回进攻居庸关后方，打开南下中原的大门。据史料记载，粘罕“分兵由紫荆口金坡关入寇易州，即出奇峰，取凤山，治皇太妃岭道，以寇昌平县，则反顾居庸矣”。粘罕率金军绕开斋堂川及西山大道，从紫荆关（宋称为金坡关，在河北省易县西北）关东的奇峰口经涞水县野三坡入门头沟区境内，再经凤山、皇太妃岭道（又称西奚古道）进入现在门头沟区沿河城地区的刘家峪、龙门口、三岔口（后来的沿河口，今沿河

▲ 西奚古道

城），渡永定河、过向阳口、大村，进入昌平的南口，直逼居庸关。进军时，由于旧时修建的皇太妃岭道许多路段已经荒废，粘罕便命令士卒沿途边修道边秘密前行。大军行至居庸关后，守关宋军猝不及防，一触即溃，金军轻取居庸天险。此一役出其不意、如同神兵天降。之后，女真铁骑一发不可收拾，宋人连失燕云、河洛，一退再退，后遂有靖康南渡、绍兴岁币之耻。一支从门头沟古道迂回而出的金兵，竟改写了历史的进程，不禁令人感慨。

西奚古道

西奚古道纵贯北京西山西北部，连接居庸关、紫荆关和倒马关，古时是一条军事要道。相传很久以前，黄草梁一带居住着西奚族的古老部落，西奚古道是由族人在其皇妃带领下，利用沿河城大断裂的地形部位创修，故称西奚古道。明代时西奚古道成为内长城三关（居庸关、紫荆关、倒马关）之间的联络道，在明代曾发挥过特殊的军事作用。

西奚古道北京西山段，自居庸关经昌平的南口、禾子涧以及西北部的马刨泉进入门头沟，经门头沟区房良、大村、马套、向阳口、沿河城、刘家峪、天津关、柏峪北、燕家台、梨园岭、瓦窑、双塘涧，由天河水出门头沟区境进入河北省涞水界，或由双塘涧经齐家庄、张家庄向西南行出门头沟区境进入河北省涞水界，全长约 40 千米。古道沿着沿河城大断裂创建，因此大部分路段是沿沟谷行进，少部分路段沿沟谷上游经山岭的鞍部翻越山岭前行。总体来说，西奚古道是沿西山地区海拔相对较低的地形部位而行。

大明王朝迁都北京以后，为了防御北方少数民族袭扰而大修长城。在外长城与京城之间又加修内长城（又称次边长城），按照“大道为关小道为口”的原则，在主要道路险要之处设立关口，其中居庸关、紫荆关和倒马关为三个重要的关口，称“内三关”。居庸关在京北昌平与延庆之间，紫荆关在河北省易县，倒马关在河北省唐县。这“三关”把守了三条通往太行山区的重要通道，但“三关”之间的长城城墙并不连接，西奚古道恰恰解决了“三关”之间的军事联络问题，因此战略意义十分突出。西奚古道的东端是从居庸关越八达岭至延庆，现还存有奚族人居住过的古崖居及奚王府遗址；再走妫水河至白河堡，向北至赤城县东部及丰宁、滦河至库莫奚族发源地（内蒙古饶乐水流域）；其西端是从天河水出北京西山进入河北省涞水县境，经岭南台、高铺、罗古台、镇厂（今九龙镇）、小峰口、赵各庄、龙门口南，进入河北易县，再经大兴安村到达紫荆关；从紫荆关向南经富岗、良岗、板仓西，经涞源县银坊、唐县川里，沿唐河至倒马关。

进香古道

京西群山之中寺刹云集，自古就是北京西山一带祭祀社神的圣地。特别是每年的庙会期间，祈福纳祥、进香还愿，香客如云，从而形成以寺庙为中心的香道。由于寺庙大都地处山区，交通不便，因此虔诚的香客们修建了多条通往寺院的山道，同时前往寺庙的人们还可以进行祭神、娱神、花会表演等活动，进香古道记载着宗教与民俗活动的盛况；道路附近还分布着一些供香客休息打尖的茶棚，这些道路就称为“香道”。北京西山庙宇众多，因而香道也多，条条香道纵横交错、密如蛛网。

因相信其路通神佛寓居之所，因此香客多解囊修缮。有的香道是利用原有的道路改建而成的，有的则是新开辟出来的。但平常时候，香道大部分路段还是多用于商旅之往来运输。时至今日，许多路段依然保存完好，是人们躲避喧嚣、健步览胜的理想去处。

妙峰山香道

门头沟区妙峰山金顶娘娘庙供奉着碧霞元君，吸引着众多香客来此朝顶进香。旧时，妙峰山有五条香道。据《燕京岁时记》中载“进香之路日辟日多。曰南道者，三家店也；曰中道者，大觉寺也；曰北道者，北安河也；曰老北道者，石佛殿也”。每年春秋两季庙会（以春季为主），北京的香客们从德胜门、西直门、阜成门、广安门、西便门出发，最后在涧沟村会合，赶往妙峰山。到了山脚下，就要走香道上山了，有钱的香客可以坐山轿（俗称爬山虎）；普通人则靠两只脚；虔诚的香客则是磕着头，从山下

▲ 灵岳寺进香古道

▲ 妙峰山香道

▲ 戒台寺香道

开始，一步一叩首地登上金顶娘娘庙。那时候人们为了上妙峰山进香，从不同的地方开出了一条又一条通往金顶娘娘庙的道路。在这些道路中，除了从北安河上山的中、北道（原是涧沟村一带人们出行去海淀的主要通道）外，其余的道路平时仅有当地放羊、打柴之人才走。只有到了庙会期间，才有络绎不绝的路人经行此处。

作为京西古道文化遗产的重要组成部分，目前，妙峰山香道保存较好，沿途还有尚可辨认的茶棚遗迹，自然人文风景俱佳。

九龙山香道

九龙山位于门头沟区东部，站在其岭脊任何地点都可以俯瞰门头沟城区。九龙山煤炭资源丰富，在明清时期，山南、山北煤窑数以百计，所出之煤炭是京城百万军民仰赖的主要燃料。在主峰西边岭脊的腰部，有一座供奉着九天玄女的娘娘庙，又叫圣母元后娘娘庙，这是煤炭行业的保护神，也是门头沟地区供奉九天玄女娘娘最大的庙宇。庙中香客大多是煤窑所在地的村民、开煤厂的商人、挖煤的矿工等，具有明显的行业特点及特殊的历史文化价值。九龙山的庙会曾经一年有两次重大的祭祀活动，俗称“春香”和“秋香”，是旧时京都郊外规模最大的地方行业庙会。九龙山四面都有道路可通往山顶的娘娘庙，这些道路俗称“九龙山香道”，现今仍有部分古道留存。庙会期间，除了香会中的武会（花会）表演外，各村镇以及北京城里的商人、小贩也从四面八方云集到九龙山顶，各种商品应有尽有。每年从农历四月二十九晚上到五月初一上午，在进香的各条山路上，一拨接一拨的香客络绎不绝；山顶的大空场上人山人海，摩肩接踵。

九龙山香道至今仍然是距离门头沟城区最近的徒步登山线路之一。

潭柘寺与戒台寺香道

门头沟区潭柘寺、戒台寺进香道是前往潭柘寺、戒台寺进香的著名古道。潭、戒两大寺院一东一西，相距仅 11 千米，自明代之后，潭柘寺成了京城百姓春游的一个固定场所，“四月潭柘观佛蛇”已经成为京城百姓的一项传统民俗。在每年潭柘寺举办“浴佛法会”“莲池大会”“龙华圣会”等佛门盛会的时候，各地的游僧和善男信女涌至寺庙，在历史上形成了多条古香道，从不同的方向通往潭柘寺。

但潭柘寺和戒台寺地处深山，交通不便。因此，或是与潭柘寺结有善缘的民间香会出自对佛的虔诚之心，集资修筑进香道，或是当地的商号与百姓共同修筑，还有的是皇室或官家出资修建的。因为绝大部分的香客是北京一带的善男信女，香客们到两寺进香所走的基本是同一条路，他们大多先到达戒台寺，再前往潭柘寺。

自京城至戒台寺的进香道主要有两条，一条是南道，另一条是东北道。所谓南道是指“卢潭古道”中的一段，即从卢沟桥至戒台寺段，也可称为卢潭古道东段。这条古道平缓易于行走，保存尚好。清康熙和乾隆皇帝到戒台寺、潭柘寺进香时，走的就是这条古道，当地人称之为御道。卢沟晓月、摩崖佛刻、戒潭二寺，都在其沿线，尤其是从石佛村至戒台寺一段的古道保存较好，是“卢潭古道”中的一个亮点。

东北道名为“庞潭古道”，是指从石景山区的庞村到潭柘寺古香道，也是西山大路主干道之一。庞潭古道的东段在苛萝坨村的岔路口分成了两支，一支向西去潭柘寺，另一支向南去戒台寺。

村间古道

人类在北京西山地区的活动历史，就目前已知的资料可追溯到距今约 70 万年以前。西山地区周口店龙骨山北部发掘的“北京人”距今约 70 万年，在龙骨山顶部发掘的“山顶洞人”距今约 3 万年，而“东胡林人”遗址、大东宫遗址及卧龙岗遗址的发掘，更证明在距今 1 万年至七八千年前，北京西山地区已有人类聚居生活，或者说是已出现古村落的原始雏形。门头沟区清水镇燕家台出土的商代贝币；军庄镇军庄村出土的战国刀币；永定镇石门营村出土的战国时期红陶鬲以及大村和狮子沟战国至汉代遗址；石古岩、白羊石虎、淤白村等地汉代遗址，都说明了商、周及至

▲ 村间古道

汉代，人类在北京西山地区的活动已相当广泛。

如果说一个村落是一个小社会的话，那么小社会与小社会之间或与大社会之间的人类活动，都是通过道路交通连接和实现的。自北京西山古村落形成以来，村与村之间、村与外界（主要是河北省怀来、涿鹿、涞水，北京，天津等地）之间均有着密切联系。

特别是西山地区，受当时运输方式、交通工具及村落规模的限制，各个村落与周边村落之间大多以联姻的方式交往，村与村之间的联系非常紧密，每当传统节日或村落有婚丧嫁娶之事，村民之间都会走亲访友或参与喜丧仪式，交流频繁。频繁的交流也促进了村落之间古道的形成与发展。例如，从青白口村到碣石村，从碣石村到东岭村，从东岭村到向阳口村或沿河城等，虽然因为交流人员数量的限制，相较于商道、军道和香道而言，村道里程一般不远，宽度也不大，只是村落之间的道路，但在西山古道中依然占有重要的地位。

玉河古道析现象

北京西山地区不仅地理位置重要、物产丰富加之宗教活动盛行，发展历史悠久。在几千年的历程中，为了适应经济、军事、商业、宗教、对外交往等多方面的需要，形成并修筑了许多条交通线路。

古道从东部（三家店至卢沟桥一线）开始，向西部山区辐射，又穿过西山，与河北省怀来、涿鹿、涞水等地相连。随着现代交通的发展，当年川流不息、广泛分布于西山地区的古道也逐渐被废弃。在废弃的古道之中，绝大部分古道虽因现代社会经济的发展遭到不同程度的破坏，但也正是因为这些古道地处山区，在一些交通不便的地区，如山地鞍部、脊坡等部位，仍有许多路段保持着当年的风貌。

目前，就北京西山地区而言，完整的古代交通网已不复存在，所保留的只是各条大路的不同路段。一是玉河古道，完好或基本完好的路段有：圈门—孟家胡同、天桥浮—黄石港（潭王路口）及王平口—灰口。二是西山大道，完好或基本完好的路段有：水峪咀—桥耳涧、东石古岩—色树坟。三是戒潭古道，完好或基本完好的路段有：石佛村东—戒台寺、苛萝坨—石佛。其他地方古道均遭到不同程度的损坏。

在这些相对完好的古道中，目前以去往水峪咀—桥耳涧段的交通最为便捷，且这段古道坡度相对较缓，路程不长，更适宜游人徒步游览；以王平口—灰口段原始风貌保留最好；以玉河古道中的圈门—孟家胡同、天桥浮—黄石港（潭王路口）段古道遗迹最长、沿途人文景观多、种类丰富，最为经典。

这些古道当年曾为西山地区的繁荣发展作出过巨大贡献，也记载着先民们的辛勤业绩，那些形状清晰的“蹄窝”、雄风犹在的关城、雄壮的古桥、沿途的古庙等都具有极高的研究价值和观赏价值。

圈门探源

圈门是玉河古道进山的起点，周边有很多人文景观，人们可以通过对不同景观的欣赏和思考，了解其背后的地理背景，感受这里的文化内涵。

“门头沟”名称的由来

在门头沟区的圈门，桥头西侧 30 米处，矗立着一块写有“门头沟之源”的巨大石条，在这里我们可以了解到门头沟名称的由来。

广义的“门头沟”，指今门头沟区；狭义的“门头沟”，指今门头沟区圈门一带；特指的“门头沟”，是指今门头沟区境内的门头沟（河流）。所以说，“门头沟”既是今天一个行政区划的名称，又是行政区划内一个具体的地方，还是一条河流的名称。

明清时期，门城地区（龙泉镇）属宛平县玉河乡。从峰口庵到大峪村有一条自西向东、长达 11 千米的沟谷，北面是九龙山，南面是南大岭，唐末修建的玉河古道即沿着这条沟谷向西，通往西山腹地的斋堂川，远行至山西及内蒙古。圈门附近的门头口村便是这条沟谷中的一个重要节点。从这个节点向西，沟谷狭窄，坡度逐渐加大；从这个节点向东，沟谷逐渐开阔，地势渐趋平坦。

明代，都城北京长期受到蒙古威胁，作为保护京城的最后一道防线，明朝廷在北京西山地区修建了内长城，还在每条山路的关键部位修建了关城，驻军把守。当时，门头口村也建有一座扼守古玉河大道咽喉的关城，关城的驻军承担着守备、缉匪、收税等事务。清入关之后，长城内外统一，京城西部的关城失去了军事作用，关城的城台上逐渐修建起了庙宇，演变成过街楼。由于玉河古道从关城下面通过，而关城的门洞又是拱券形的，所以人们就把这座建筑称为“券门”，依谐音叫作“圈门”。以过街楼为界，把这条沟谷分成了两部分，过街楼以西称为“门头沟”，意思是“圈门前头的沟谷”；过街楼以东，以地处沟谷出口的村庄命名，叫作“大峪沟”。我国地质学家刘季辰、陈树屏等最早（1913—1916）在调研北京西山地质时，将九龙山南、南大岭北的这条山谷整体上称为门头沟（河流），该河为永定河的一级支流，在大峪东北处（现河滩处）注入永定河。因该河流流域挖煤排水，河水多为黑色，因此当地的人们又称其为黑水河。

门头沟北侧的九龙山下蕴藏着丰富的煤炭资源，早在辽代，这一带的煤炭开采业就已经初具规模；到了元代，煤炭已经成为大都（今北京）城市生活中广泛使用的燃料，门头沟一带的煤炭行业日益兴盛；明清时期，京西地区所产煤炭逐渐成为京城的主要生活能源，而当时京西的煤窑主要集中在门头沟地区。据统计，明清时门头沟地区的煤窑不下百座。采煤业的发达，促进了这一

▲ 王平口关城

▲ 门头沟之源

▲ 门头沟过街楼

▲ 门头沟窑神庙

地区的繁荣发展，“井屋鳞次，烟火万家”，定居于此的人也越来越多。从东向西，沿着沟谷两侧，形成了门头口、宽街、炉灰坡（龙凤坡）、东店、中店、西店、孙桥、梁桥、横岭、天桥浮、孟家胡同、拉拉湖、官厅等村庄和居民点，沟谷中房舍连绵不断，号称“十三里长街”。

近代，外国侵略者打开了中国的大门之后，也开始觊觎中国首都近旁的门头沟煤矿。清同治元年（1862），英国大使馆翻译柏卓安最先进入门头沟，对这里的煤炭资源进行了调查。此后，美籍采矿工程师庞培里、美国地质学家崩派、英国商人海德逊、德国地质学家李希霍芬、德国人梭尔格等，纷纷进入北京西山进行地质考察，并写出了一些考察报告。叶良辅作为我国自己培养的第一代地质学家，与其他地质工作者一起也对北京西山地区进行了地质矿产的调查工作，并执笔写成了《北京西山地质志》（1920），他把北京西山的侏罗系划分为门头沟煤系，并在其绘制的1/10万《西山地区地质图》中，明确将门头沟谷中的圈门地区标注为“门头沟”地名。至此，“门头沟”一词首次出现在近代著作之中。在此后的文献中，“门头沟”就正式成为京西煤炭产区的名称。1917年，位于圈门东侧的中英合办裕懋煤矿公司改称“中英合办门头沟煤矿公司”，是当时北京最大的煤矿企业。从此“门头沟”的名字就随着煤炭的远销传播到了海内外。那时一说到“门头沟”，人们首先想到的就是煤炭；提到煤炭，人们也自然会想到“门头沟”。圈门一带成为当时门头沟区重要的经济与文化中心。民国年间，这里还先后驻守过保卫团、宛平县警察六分所、宪兵队、侵华日军和伪警备队、国民党宛平县六区党部、国民党门头沟矿区党部、门头沟产业工会等机构；新中国成立后，门头沟先后成为军管会、门头沟区区委和区政府所在地。

也正因为圈门一带的“门头沟”是当时门头沟地区重要的经济与文化中心，1947 年北平市特别在此地设立“门头沟镇”，这是“门头沟”三个字第一次作为行政区划名称使用。1949 年 7 月北平市人民政府成立“门头沟区”，之后，门头沟地区的行政区划和政区名称多次调整，直到 1958 年 5 月“门头沟”才作为市辖区名固定了下来，沿袭至今。现在的“门头沟”主要指门头沟区。若从河流的角度谈及“门头沟”则应为门头沟河。

“门头沟”产生的地理背景

“门头沟”之所以能够成为门头沟区的代名词，主要原因是以前门头沟区的政治、经济、文化中心在门头沟（现门头沟区圈门一带），而门头沟（现门头沟区圈门一带）之所以能够成为当时的政治、经济、文化的中心，又取决于两个因素，一是交通因素，二是资源因素。从交通因素看，这里是京西大道—玉河古道的必经之地，通过这里沟通了当时京城与河北、山西、内蒙古等地的人员往来与物资转运，因而交通发达；从资源因素看，这里煤炭资源丰富，生产的煤炭远销北京和天津，与煤炭相关的产业发展迅速，煤炭开采、运输、加工及相应的服务行业非常繁荣，进一步促进了人员聚集。这个地方之所以成为玉河古道的必经之地，是因为在这里发育有一条自西向东注入永定河的河流——门头沟河。不论是古代交通线路还是现代交通线路，在山区一般都是沿沟谷行进的，只有沿着山谷修建，交通线路才最平缓，修建的成本也最低。而河谷的发育一般又是沿着软性岩石、岩层的节理、断层或断裂带以及岩层的不整合接触带进行的，而门头沟河谷所发育、流经的位置，正是本地区地层中侏罗系南大岭组与窑坡组、龙门组岩层的不整合接触带。同时，也正因为本地区地层窑坡组、龙门组等含煤地层分布广泛，才使得这里出产丰富的煤炭资源。

追本溯源，“门头沟”名称的产生其实与门头沟区圈门一带的地质基础密切相关。因为该地区窑坡组、龙门组等含煤地层分布广，才有大量煤炭出产，同时因为有窑坡组、龙门组地层与南大岭组地层的不整合接触关系，也就有了门头沟河谷在此地自西向东发育；才有了在此地沿河谷自西向东经过的古道；正因为有了古道，交通条件便利加上丰富的煤炭资源，才使得该地区成为门头沟区当时的经济与文化的中心；也就有了后来在行政区划上门头沟镇的确立以及门头沟区的名称。可以说，地质背景影响了资源特征与地形特征，地形特征造就了古道文化，古道文化与资源开发成就了“门头沟”。

窑神庙前说窑神

在圈门桥头的西北约70米处，古木之间显现出一座宗教建筑——窑神庙。该窑神庙坐北朝南，创建于清嘉庆年间（1796—1820），在清光绪年间（1875—1908）曾两次重修，最近的一次重修是在2013年。庙前原有门楼，石额上写有“古刹窑神庙”。院内原有清光绪七年（1881）《煤行公议碑》和《重建豁免煤税碑》等碑刻。庙内供有窑神，黑脸坐像，虬须，头戴官帽，身穿黄袍。圈门窑神庙是西山地区唯一一处把窑神作为主神供奉的庙宇，据说也是全国规模最大的以窑神作为主神供奉的庙宇。

窑神庙是当地有别于其他地区的宗教文化建筑。修建窑神庙是由于门头沟区圈门一带曾是京西地区重要产煤区，当地绝大部分居民生计与煤炭生产有关。但受当时生产技术与生产条件的限制，煤炭生产的危险性很大，为了确保煤炭生产的安全及与其相关产业的兴隆，人们修建窑神庙，供奉窑神，祈盼得到窑神的护佑。除了日常祭祀活动外，每到窑神生日（腊月十七）、煤窑开窑、煤窑复工及传统节日等还要开展大型的窑神祭祀活动，如向窑神供奉供品、烧香叩拜，举行花会与戏班表演等。在窑神的生日这一天，各处煤窑都要向窑神祭祀，为提前准备祭祀活动，腊月十六上工的工人还可以提前升井下班。腊月十七这天天一放亮，各煤窑就开始了祭祀活动。无论在窑口上方的支护横梁上，还是在矿工居住房屋内迎门墙壁上，都恭恭敬敬地贴上请（买）

▲ 窑神

▲ 圈门戏楼

▲ 门头沟过街楼券洞

回来的窑神像，在窑神两旁贴上对联，一般都是“乌金墨玉，石火光恒”等赞语。在窑口还要摆上供桌，供上猪头、整鸡、水果、馒头、点心等供品，供桌上摆放有香炉、蜡扦，点燃成束的高香。由煤窑的窑主烧第一炷香，然后是煤窑的总管、作头、账房、刨煤工、挖煤工等，按职务、地位高低，依次向窑神烧香祭祀。据说全国各地的窑神生日多在腊月十八日，唯独门头沟地区为腊月十七日。民间传说是因为门头沟地属宛平，为京畿直辖，天下首县，比其他县份高出一品，所以窑神的生日也提前一天。

窑神生日的祭祀活动其实还有其背后地理因素的影响。因为是煤窑，所以窑神庙里供奉的窑神被塑造成黑脸人物。祭祀窑神也要选择比较重要的日子，哪一天最重要呢？对于人来讲生日这一天最重要，窑神也不例外，窑神的生日这一天是重要的日子，为此，除日常祭祀活动外，每到窑神生日这一天，更是格外隆重。那么窑神的生日是哪一天呢？为确保生意兴隆及平安，肯定是出煤量大的日子。什么时候出煤量大呢？那就是煤炭需求量大且容易开采的时候。这个日子一定是在隆冬季节，只有冬季用煤量最大且地下水位最低，最容易开采。因此窑神的生日为腊月十七日，这个日子为阳历 1 月中旬前后，是北京地区最寒冷的时期。

圈门大戏楼

在窑神庙的对面，距圈门桥头向西约 50 米处，有一座建在 1.2 米高的巨石台基上，面阔三间、进深一间，造型古朴典雅、精美的大戏楼。戏楼最早建于明代，坐东朝西，戏台内有清道光十年（1830）立的黑底金字“歌舞升平”匾。新中国成立前每年腊月十七窑神生日这天，京西煤窑都要捐钱，在戏楼演三天大戏，祈求窑神保佑煤窑平安，多出好煤。1946年国民党军队驻扎窑神庙时，将庙前大戏楼烧毁了一部分，目前大戏楼保存基本完好，1981年被门头沟区政府公布为文物保护单位。

从戏楼的建造来看，砖雕与木雕用料考究，做工精细，反映了当时本地区经济状况较好。但奇怪的是大戏楼与众不同的朝向。北京地区建筑大多坐北朝南，或者因当地的地形而建，坐高朝低。但圈门地区的大戏楼，既不坐北朝南，也不坐高朝低，而是坐低朝高，坐东朝西。这是因为当时大戏楼的建造资金是由公众募捐所得，而煤炭生产集中在圈门以西地区（俗称圈门里），那里开窑人多，富裕人多，募捐资金多，戏台坐东朝西有为圈门里人唱戏之意。这也算是京西地区一处独特的建筑了。

揭秘过街楼

从圈门的桥头西行约160米，即为“券门”，也称过街楼。清入关以后，一统长城内外，作为把守玉河古道的重要关口就失去了原有的军事作用，后来在城台上修建起了庙宇，供奉着文昌帝君、关帝和药王，逐渐演变成了过街楼，但“券门”仍有盘查过往商旅、收取税金的功能。

过街楼位于门头沟（河流）河谷之上，其下部自北而南共有三个不同功能的券洞。受地势的影响，门头沟（河流）自西向东流，沿河谷溯源而上至山地垭口处一直西行，是玉河古道的必经之地。河谷在圈门附近谷深坡陡，继续向东则谷宽坡缓，因此圈门河段自然成为关城建设的理想之所。又因为河道南侧的地势较高且相对平缓，是河谷的一级阶地之所在，自然就成了古道通行的理想之地。加上当时煤业主要集中在圈门以西地区，煤炭生产与外运必须沿古道经过过街楼，为了盘查商旅并收取煤炭运往的税金，南侧券洞就成了人行物往通行之地，是人员把守的关门，做收取税金和盘查古道商旅之用。而其中间及北侧的券洞由于位于主河道之上，则明显是起疏导河水的作用。

在圈门地区可以看到，古道的行进，因地势而选；过街楼的兴建，因地形而为；券洞的功能，因位置有异。

沿途赏析

龙凤坡

沿门头沟（河流）河谷溯源而上，古道自东向西行进，过门头口村的第一个自然村落是龙凤坡。龙凤坡原名炉灰坡，炉灰就是煤炭燃烧后剩下的灰渣，为了取美好寓意，用其谐音改为龙凤坡。从“炉灰坡”的名字可以想象出当时村落及其周边炉灰堆积的规模比较大；由此可以推测出该村人们生产生活的主要能源是煤炭，而且消耗量大；进而可以推断当时该村人口较多、经济也较繁荣。

宽街

从龙凤坡向西紧邻的村子叫宽街。宽街是门头沟区圈门里一个比较大的自然村落。从村落名称也可以想象出该村落的街道宽阔。这里就不禁让人们产生一个疑问，沿门头沟向上游行进河谷变得越来越窄，那么为什么在这里会出现一个街道比其他地方宽敞、规模相对较大的村落呢？答案只有一个，那就是虽然整个圈门里由于地处山区峡谷，聚落沿河谷分布大都比较狭长，但在河谷的弯曲段，由于受凹岸侵蚀、凸岸堆积的影响，河流凸岸一般坡度平缓且地域宽广，宽街所在地是河谷的弯曲处且地处河谷的凸岸。在此选址，不仅村落可免受洪水威胁，且有拓展的空间。地域平坦又不易被洪水威胁的地方，自然成为居民集中之地，既有发展的空间又能为古道提供通行之便，相应地，街道也会较其他地方宽阔。探究宽街聚落名称的起源，可以体会到自然因素，特别是河流、地形因素对聚落形成与发展的影响。

三店村

穿过宽街村继续西行，就会看到一座古老的石桥，该桥名为孙桥，孙桥所在的村落名为“三店村”。最早之前，三店村并不是一个村落，而是由三个互不相连的小村组成，由东向西分别为东店村、中店村和西店村。从名称可以推测这三个村落原来以商业为主，相较于其他以农业为主的村落，经济比较发达，以至于连续三个村落商店林立，以店取名。之所以以经济、商业为主，

▲ 龙凤坡

▲ 宽街

▲ 三店村

▲ 梁家

与这三个村落所在的地理位置及京西古道必经之处密切相关，充分体现了交通因素对商业的影响。只是后来，随着人口的增长，三个村落的规模逐渐扩大，加之受河谷地形因素以及古道延伸方向的影响，最终三个自然村连成一片，形成一个大村而改为三店村。

梁家宅院

从三店村继续西行，便到了梁桥（村），梁桥最知名的就是梁家宅院。所谓“梁家宅院”，其实就是清末本地富豪之一梁姓家族的一处院落。山区的院落一般都不大，且尽可能选择在相对平缓的地方。尤其是越往河谷的上游行进，平地的规模就越小，房屋的院落也会越小。从梁家宅院所在的位置而言，它靠近门头沟（河流）河谷上源，按道理宅院的规模不会很大。可是该院落的过水眼又很大，侧面说明梁家宅院面积也大。因为只有面积大的院落，下雨天才有可能积水多，为了排水的流畅，就会把过水眼修得很大。在以前的民宅建设中，由于缺少大型机械设备，宅院只能因地势而建。那么是什么原因使梁家宅院坐落的位置具有较大的平地呢？从周边地形看，此处与宽街平地面积大的形成原因相似，同样处于河流的凸岸处。

据说梁家是当时圈门里非常有钱的四大家族之一。房屋全部采用石材建造，包括墙壁、房梁、窗棂等，因此在当地有一谚语“梁家不怕火烧”。但最后梁家却因遭遇球形雷电而着了天火，导致家族衰败。

横岭村

从梁桥继续西行，爬上一个陡坡即到了横岭村。从大范围看，叫横岭的地方有很多，紧邻北京西山的河北省怀来县就有一个横岭村。但这里的横岭村，确实有一条名副其实的“横”着的山岭。

在走进横岭村之前都不会觉得有横着的山岭存在，但在即将穿过横岭村时，会发现原本笔直的、平坦的玉河古道突然被一条横着的山岭所阻挡。因为横岭山坡较陡，玉河古道又必须西行穿过，致使古道路面在此处变得狭窄，且为“之”字形盘旋而上。正因为该村正好处在玉河古道前行、横着的山岭脚下，因而得名横岭，也体现出地形因素对聚落名称的影响。

天桥浮

天桥浮的位置正好在“横岭”之上，处在横岭山脊的垭口处。从天桥浮的建造形制上看，其原先也是京西古道上的关口。因为门头沟地区煤炭的开采，是从门头沟（河流）河谷的西部逐渐向东部延伸的。在当时受地下水排水技术的限制，越往西部海拔越高，采煤受地下水影响越小，直到清宣统元年（1909）才有煤炭公司使用机器排水，东部地区煤窑数量才逐渐增加。因此门头沟地区最先的采煤地是在天桥浮以西，进而在天桥浮所在地便设置了盘查商旅、收取税金的“通商口岸”，取名为“天桥浮”。后来随着采煤业的东移，煤炭的主要开采地转移到了天桥浮以东地区，才在现今圈门地重新设置门岗，代替了原“天桥浮”的功能。

▲ 古道上的“横岭”

▲ 天桥浮

▲ 天桥浮券洞

▲ 翰林宅院

▲ 孟家胡同桥梁

从天桥浮门洞的岩石风化程度及建造形制可以看出，其建造历程经历了四个不同时期，规模也在不断扩大，反映出天桥浮以西的采煤业从有到兴的发展过程。同时这里还流传着一句“见桥不走桥，走桥不见桥”的谚语。意思是看得见桥但不走桥；走在桥上，却不知觉。天桥浮原本是盘查商旅、收取税金的关卡，京西古道从其下部通过，天桥浮的“天桥”却在古道之上，形成了人在桥下走、见桥不走桥的人文景观。“走桥不见桥”是指顺着古道沿门头沟（河流）河谷继续向西，河谷会变得越来越窄、深度也会越来越深，为了通行上的方便，人们在“V”形河谷之上平铺了巨厚的石板，人走在上面就如同走在平整的路面一样，这就形成“人走在河谷之上，却不见河谷之桥”的景象了。

如圈门一样，天桥浮关城在失去了军事防御功能后，当地人们在关城上修建了三义庙，庙内供奉刘备、关羽、张飞的塑像。由于年久失修，三义庙也只留遗址，目前重修完毕。

1947 年，国民党政府军二〇八师某连在玉河古道南端天桥浮三义庙构筑大型明暗堡、地道等综合防御工事。这一年农历腊月初三，北岳军分区独立团奉命攻打天桥浮国民党军，以牵制敌军增援南口主战场。夜间 10 点整战斗打响，至天亮结束，双方伤亡上百人。目前天桥浮军事设施犹在，山上碉堡尚存。

翰林宅院

紧邻天桥浮西侧路北，即为著名的翰林宅院。翰林宅院的主人人称马翰林（1834—1906），名马相如，又名马云章，字少芳，号襄伯，为清代名仕马登朝第二子。马相如自幼师从于斋堂西北山村的王金度先生，清咸丰九年（1859）考中举人，同治元年（1862）考中进士，入翰林院，旋任擢御史。曾任广西副主考，山陕巡抚，陕西延绥道，陕西按察史等职。马相如之父马登朝，因马相如为官被朝廷封为二品职，其母封为二品命妇。马相如之兄马翰如，正蓝旗汉军生员，圈门窑神庙中光绪七年（1881）《煤行公议碑》碑文便是为其所撰，《豁免煤税碑》也记有其名。马相如生有二子，长子马乾龄，次子马存龄。马乾龄次子马升初，以耕读传家，热心公益，曾任门头沟窑业同业公会会长。

孟家胡同

孟家胡同是天桥浮以西的一个自然村。到这里首先看到的是一座非常奇特的桥梁。说它奇特，指的是它既不像孙桥、梁桥等古代的桥梁，也不像我们一路上看到的现代桥梁。从孟家胡同桥梁的建筑材料看，却可以感受到京西地区桥梁变迁的过程。

建造孟家胡同这座桥梁的主体材料，主要由石材与钢筋水泥构成。民国以前我国没有水泥材料，所建造的桥梁大都为石料砌成，所以称之为石桥，如卢沟桥、孙桥、梁桥等，它们的桥墩、桥体、桥面、桥栏等全部由石料建造。而新中国成立以后，随着国民经济的快速发展，我国不仅能够大量生产钢材、水泥等建筑材料，桥梁的设计与建造水平也有了显著提高，所以新中国成立后建造的桥梁，大多为钢筋混凝土结构。只有民国时期建造的桥梁，存在石料与钢筋水泥并用的现象。那时水泥需从国外进口，也称“洋灰”，成本比较高昂。位于孟家胡同的这座桥梁，就是石材与钢筋水泥混合建造，因此推测其建造年代应为民国时期。而实际也确实如此，其建造年代为 1937 年，本是修筑通往斋堂的运煤公路，后因抗日战争爆发而停建。

沿玉河古道西行的过程中，同样是京西古道，但路面材料也发生了很大变化，从最初的柏油路面，过渡到水泥路面，再到石板水泥路面，最后在孟家胡同变为单纯的石板路面，在这里可以感受到西山地区交通状况的改善历程。

西山大道，其原始的路面为石块铺成。在进入孟家胡同之前，最先经历的是柏油路。从大峪至圈门，古道完全由柏油路铺成。从圈门至梁桥，同样是玉河古道，但路面变成了水泥路。梁桥至孟家胡同，玉河古道路面变成了水泥、石块路。到孟家胡同后，路面又变成了石块路，这其实是古道最原始的路面。继续西行，一直到黄石港（潭王路口），绝大部分古道路段仍为石质路面。古道之所以有这样路面上的变化，一是受地形的影响。越往山区行进，海拔越高，交通越不方便，受人类活动的影响越小。二是与社会经济发展过程有关。以前在我国经济水平还不高的情况下，要改善村落交通状况，只能先靠成本较低的水泥材料实施。后来随着经济条件的改善，首先在交通运输相对频繁的东部地区，用

▲ 入古道前的柏油路

▲ 古道前段的水泥路

▲ 古道中段的水泥、石块路

▲ 原始古道的石条路

质量好但价格相对较高的柏油路面逐步替代了水泥路面；而西侧的路段因为交通量相对较小，仍保留水泥路面；最西部的地区，因人烟稀少仍保留原始的石质路面。

拉拉湖

孟家胡同西行约 450 米，即为拉拉湖。拉拉湖原本是一个自然村村名，因这里有一很小的瀑布流水而得名。这里不仅有瀑布，附近还有一采煤矿井，因而在当地流传有“河水竖着流（瀑布），深井横着打（矿井）”的谚语。其实也反映出自然要素之间、人类活动与自然环境之间的关系。

在拉拉湖瀑布处可以看到多级水坝。从水坝层级与规模看，这里建有三级小水坝，越靠近上游水坝的规模越大。从坝体新旧程度上看，最先建造的是下部的小型水坝，后建有中间的中型水坝，最后建造的是上部的大型水坝，反映出这里的人口有一个明显的变化过程。在最初的阶段，因为人口较少，靠瀑布的流水完全可以满足人们生活的需要，但后来随着人口的逐步增多，用水量增大，导致水源紧张，为满足用水需要就要建设塘坝蓄水。随着人口进一步增加，原来的水坝也不能满足用水需要了，只能建设更大一级的水坝。通过这里不同规模的水坝建造，可以推测当地人口的变化过程，进而认识人口问题对区域环境产生的影响。

段家宅院

圈门以西地区还有一句谚语叫“段家不怕水冲”。很明显说

▲ 拉拉湖水坝

▲ 段家附近滑坡面

明段家的房屋是建在一个高地势上。

拉拉湖西行不足 200 米，就是段家宅院。段家和梁家一样，也是清末本地富豪之一。由于其宅院建立在山谷的高阶地上，才有了“段家不怕水冲”的说法。但段家最终的结果却和梁家一样，也没有逃脱自然灾害的影响，还是被大水所冲毁。究其原因，是段家所在位置发生了较大规模的滑坡，滑坡体阻塞河道形成了堰塞湖，随着水位上涨最终决堤，巨大的水流漫过宅院所在的高阶地，冲毁了段家。从滑坡面所处的位置看，其正好处在段家宅院上游主谷与支谷连接处，这里河道狭窄，滑坡体极易阻塞河道，造成自然灾害。

西行古道

从段家继续西行，逐步接近门头沟（河流）河谷的源头。从河谷的纵剖面看，河谷的中下游坡度一般比较平缓，而河谷的上游地区特别是河谷的源头附近，谷坡会变得非常陡峻。因此，无论是古代交通还是现代交通，交通线在山区的分布特点都是在河谷的中下游，沿着沟谷行进；在河谷的上游特别是源头附近，因为谷坡变陡，交通线会偏离河谷，转而顺着河谷的斜坡盘旋而上，走“之”字形到达山地的鞍部附近。古代交通则直接从鞍部上经过，现代交通则通过隧道从鞍部下穿过。毫无疑问，山地地形中的鞍部，是交通线通过的重要节点，也正因如此，在古代交通中，鞍部的位置往往是军事防御的重要关城所在。

玉河古道也是这样。当从段家继续西行后，地形正处于门头沟（河流）河谷的源头附近，道路的坡度明显增加，从而转成“之”字形线路盘旋而上，一直到地形区的鞍部——峰口庵。这段路由于坡度较陡，石质路面的铺设方法很具有科学性。从铺设方式看，有平铺与竖栽两种。平铺不仅可以节省石料，还能使路面平整便于通行；竖栽则是一行一行的，两行竖栽石料之间是平铺的石料。石料竖栽，不仅可以防止坡陡处平铺的石料下滑，还可起到人们与牲畜通行时防滑的作用。坡度越陡的地方，竖栽石料之间的距离越短，也是考虑了地形因素，以有效防止平铺石料的滑落。

峰口庵

峰口庵是京西古道上的一个重要关口，就位于古道前行的地形鞍部位置。从这里东望可以清晰地看到门头沟（河流）河谷及沿途村庄，京西古道即沿着门头沟（河流）河谷经过前述村庄到达这里。

从峰口庵西南行约 120 米处，可清楚地看到密密麻麻的蹄窝印。应该说，在目前保留的西山古道蹄窝印中，这里不仅是所有古道中蹄窝出现最多的地方，也是众多古道蹄窝中最典型和最漂亮的地方。蹄窝的出现，一是反映出通行古道的运输方式为传统运输方式，运输工具以驴、马、骡等驮运为主；二是蹄窝印出现的地区一定为基岩出露的地区，因为如果是石板铺设的古道，长期行走之后石板会被踩破，影响后续通行，在一定时期内必须更

▲ 峰口庵蹄窝

▲ 古道路面

▲ 蹄窝形态

▲ 冰臼形态

换掉，且在山区更换起来也很方便。只有在古道沿途基岩出露处，随着驴、马的踩踏出现深深的蹄窝后，出现蹄窝印的岩石是无法更换的。由于无法更换只能将蹄窝凿平使之变浅，但改变不了蹄窝遗迹的存在，也给后人留下了珍贵的历史印记。

但近年来有部分学者认为，峰口庵等地区出现的蹄窝印是地质历史时期冰川作用形成的冰臼，并不是驴、马等牲畜踩踏出来的。那么，在京西古道上看到的“坑窝”遗迹到底是不是驴、马等牲畜踩踏出来的蹄窝呢？从印记特征看，不论是玉河古道峰口庵处，还是西山大道牛角岭与王平村处，甚至包括其他地区古道上出现的“坑窝”都是牲畜踩踏而成的蹄窝而不是冰臼，主要有四点证据：一是所有蹄窝印均出现在京西古道上，古道两侧均没有发现。沿着古道平铺的石板路前行，在基岩出露的地方则有“蹄窝印”出现，其他地方也偶见路边更换下来带有蹄窝印的石板，而偏离古道的地方则没有任何“坑窝”遗迹。二是在峰口庵西南的古道基岩出现蹄窝的地方，上部有被人工开凿的痕迹，开凿石量不等，但靠近最里侧“坑窝”以上的凿石量高度，最大应在2米以上，若是冰臼形成不可能有如此之深、“坑窝”底部还有如此之小的“冰臼”，说明由于拓宽路面的需要并随着牲畜的不断踩踏“坑窝”逐步加深，影响到了牲畜继续通行，所以人工凿掉上部岩石，以便于通行。三是所有蹄窝印侧壁几乎都是倾斜的，且均沿道路方向向下坡倾斜，很明显符合牲畜通行时蹄子沿下坡前进的入踏角度。因为牲畜上坡时，其前行的步伐是蹬踏，下坡时，受重力作用影响，其前行的步伐是踏滑。如果“坑窝印”是冰臼成因,那么“坑窝印”的侧壁会几乎垂直或倾斜方向没规律。四是在“坑窝”遗迹底部，其形制大都为马蹄形，且呈现出中部高外围低的特点，非常符合牲畜蹄掌的踩踏，而不是冰臼显现的中部低外围高那样的特点。

潭柘香道忆往昔

潭柘寺位于门头沟区潭柘寺镇平原村北部，地处潭柘山九峰环绕之中。潭柘寺始建于西晋，至今已有1700多年历史，是北京地区最大的皇家佛教寺庙。在民间，有“先有潭柘寺、后有北京城”之说和“京都第一寺”之誉。历史上香火繁盛、香客如云，庙会规模非常之大，所以从北京通往潭柘寺的香道也十分有名。

佛教节日首推“佛诞日”，即浴佛节，会期为农历四月初八。规模较大的佛教寺院都要进行祭祀，但“观佛蛇”项目为潭柘寺所独有。据《宛署杂记》中记载，“潭柘寺有二青蛇，与人相习，每年以四月八日来见，寺中僧人函盛事之，事传都下，以为神蛇，游人竞往施钱，手摩之，以祈免厄，僧人因而致巨富”。此外还有莲池圣会及各位佛爷、菩萨的诞辰、成道等日，几乎一年之中每个月都有会，从北京等地到潭柘寺进香的人非常多，甚至有时皇上也会来，所以香道的规格也比较高。

卢潭古道

卢潭古道即经由卢沟桥到戒台寺、再到潭柘寺的古道。卢沟桥于金明昌三年（1192）建成。卢沟桥的建成，不仅沟通了北京城与太行山东麓大道之间的联系，也为北京城的香客前往潭柘寺进香并参与佛事活动提供了便利。香客们出广安门后过卢沟桥，经长辛店、大灰厂、石佛村、戒台寺到达潭柘寺。由于香客较多，该香道也逐步进行了升级改造，到清代时已成为可供皇上车马行走的御道，当地还有一首童谣“石佛街，两头长，青石的御道过皇上。引路的古槐长路旁，皇上娘娘歇歇凉”，说的就是此事。目前，在石佛村与石牌坊之间还有保存完好的御道。卢潭古道上的车辙印记犹存但没有蹄窝印，由此可知这不是商旅运输驮道，而是典型的进香香道。

卢潭古道沿途有一些遗迹散落其中。如在石佛村南的山坡上，有明代“龙王”碑和字径 1 米多的大“佛”字；村北山坡上，有民国十年（1921）“重修卢潭古道”摩崖石刻；村西街道两旁原有槐树，村民称之为“引路槐”；在村西路南，原有关帝庙，路北有古桥和明天顺到嘉靖年间雕凿 21 尊永庆庵摩崖佛像群，是北京地区现存规模最大的摩崖佛像群。村西约 500 米处，至今矗立着始建于明万历二十七年（1590）、重修于清光绪十八年

▲ 卢潭古道

（1892）的石牌坊。

从石牌坊往西南可到戒台寺。从石牌坊北侧古松旁沿古道西行至罗睺岭，再经东村、北村、南辛房、平原等村到潭柘寺。

庞潭古道

庞潭古道即由庞村到潭柘寺的古道。从京城往西到石景山南边的庞村，经白庄子、辛称（新城）、栗元庄、何各庄、石厂、岢萝坨等村，上罗睺岭与卢潭古道并合。此路亦为御道规格，但平时也通行商旅。

庞村北原有永定河河神庙北惠济祠，现存雍正御制碑碑楼。栗元庄曾盛产建筑用优质石板，还有潭柘寺下院奉福寺和戒台寺下院慧聚寺；村北有京剧泰斗谭鑫培的墓地。何各庄村曾有太清观、永安寺及承恩公墓等。石厂村是明代皇家建筑采石厂，采石碑犹存，曾有圆照寺、灵应寺、朝阳寺、菩萨殿及东西栅栏（又称过街楼）。

岢萝坨村原称“拴马庄”、李家峪，因去往潭、戒二寺的香客众多，取“磕头的”和罗睺岭各一字，改名岢萝坨。由村往南，一路香道直通戒台寺，另一路香道经秋坡村去戒台寺，往西则上罗睺岭。村中有一座建于明代的精美石桥“娼妓桥”，据说这是全国仅有的一座以娼妓捐资修建而命名的古代石桥。桥基洞券、桥面栏杆均是青石构件砌筑而成，石桥栏杆设计精巧，上有精美

▲ 庞潭古道

▲ 麻潭古道

的雕刻。娼妓桥为东西走向三孔石拱桥，据当地村民说古石桥原来长 20 多米，桥面宽 4 米。1917 年一场山洪冲毁了这座建于明代的古石桥，如今仅存 10 多米长青石桥身。村西北有创建于唐代的西峰寺，该寺原名会聚寺，元代改为玉泉寺，明代更名为西峰寺至今。寺院内有京西“银杏王”，高达 30 多米，树干周长达 7.6 米，是宋代遗物，距今已一千多年。现树下有一残碑，但碑文却清晰可辨——“此鸭脚子（即银杏）种于宋代”。这棵古银杏为雌株，是北京地区结果最多的古银杏。

从岢萝坨村上罗睺岭的古道保存完好，既有车辙印记，又有“佛”字等宗教景观，还有蹄窝，因此是一条御、香、商结合的古道。

麻潭古道

麻潭古道即由麻峪经四道桥、桥户营、曹各庄、冯村、万佛堂等村，越红庙岭、经桑峪、平原村到潭柘寺的香、商两用古道。目前，万佛堂以东路段古道不复存在，万佛堂村至红庙岭段则保存较好。

2007 年春，在冯村东西各出土一块元至元十三年（1276）的石碑，即重修（曹各庄）吉胜寺碑和牛心山慧禅院碑。牛心山即现新建定都阁的定都峰。万佛堂村旧址有明代所建过街楼，门洞额刻“誓永不分爨”，意思是团结一心、永不分家。万佛堂古刹又称万佛寺，始建于辽，坐西朝东，背依万佛山，规模宏伟，但现在庙宇已毁，只剩残垣断壁和周围零散可见刻着“佛”字的石头。万佛堂村至艾洼村东南蛤蟆石的古香道路面基本保存完好，是走古道去定都峰定都阁的最好路线之一。

除以上三条路外，经中门寺、赵家洼，经红庙岭到广慧寺、桑峪村，都有古道通往潭柘寺，并且都曾有过进香活动。

京西古道既是文化又是资源，沿着这一条条满载历史的古道前行，跨越时空，仿佛又听到了驮队的蹄声，看到了庙宇的烟火……

灵山、百花山、妙峰山、香山以及永定河等自然景观，与新生代以来北京西山周口店地区出现的北京猿人、新洞人、田园洞人、山顶洞人和斋堂地区出现的东胡林人等遗址遗迹，以及全新世以来，特别是西周初年周王朝在北京地区先后分封蓟、燕以来，北京西山地区涌现出的潭柘寺、灵岳寺、云居寺、妙峰山等人文景观，共同构成北京西山亮丽的风景。

第五章　西山风景之美

▲ 潭柘寺

地质历史时期的发展，赋予了北京西山地区丰沛的自然与历史文化遗产。以灵山、百花山、妙峰山、香山等为代表的一系列名山的出现、流经北京地区最大河流永定河的形成，伴随着北京城市的功能定位以及相关的城市建设，这些自然景观又不断地被社会文化浸染熏陶。如，新生代以来，北京西山地区先后在周口店地区出现了北京猿人、新洞人、田园洞人、山顶洞人，斋堂地区出现了东胡林人。全新世以来，特别是西周初年周王朝在北京地区先后分封蓟、燕以来，北京西山地区又涌现出以潭柘寺、灵岳寺、云居寺、妙峰山等为代表的诸多人文景观。人类文化的印记遍布北京西山。

踏寻遗迹寻祖先

从猿到人，是一个极其漫长的过程。研究证实，最早的人类祖先是远在1000多万年以前生活在热带和亚热带森林里的古猿。地壳运动使陆地海洋及气候发生了很大变化，促使这些古猿向着适合生存的环境不断变换迁徙，在劳动中进化成人并发展壮大。

地质发展史中的第四纪时期，冰川面积远大于现在，巨大的冰盖覆盖了世界上大部分的区域，部分地区的温度出现第三次大幅度下降，形成地质历史时期的第三次冰期，即第四纪冰期，造成当时地球上许多生物灭绝，但古猿人却在极其恶劣的严寒条件下生存下来，成为我们的祖先。周口店猿人等就是其中的代表。

“北京猿人”头盖骨的发现

史前的北京西山地区曾经植被繁茂、沧海澎湃，是十分适合生命繁衍的乐土，也为今天古人类考古发掘提供了得天独厚的条件。20 世纪初期，地质调查所裴文中发现了北京人头盖骨，揭开了我国古人类研究的第一页。北京猿人头盖骨是 20 世纪 20 年代我国考古成果最具世界影响的重大发现，它改写了我国人类研究的历史。北京猿人头盖骨发现地——周口店被称为东亚人系起源的圣地和人类发展的摇篮。

北京周口店地区的考古研究始于 20 世纪初叶。由当时地质调查所负责组织实施，参与者除安特生、步达生和师丹斯基等少数外籍学者外，其余全是我国地质学者。最早到北京西山地区进行古脊椎和古人类化石考察的是瑞典籍地质学家安特生，他在

1914年后开始任农商部矿政顾问，在中国从事地质调查。1916年，地质调查所因工作经费短缺停止地质调查，转而开始进行古生物化石收集。1918年2月，一些来自周口店龙骨山的动物化石标本，引起了安特生极大的兴趣。当年3月，他骑着毛驴，到周口店进行了两天的实地考察并在鸡骨山进行了小规模的发掘，找到了一些啮齿类和食肉类动物化石。这次发掘虽然收获不大，但却是周口店北京人遗址调查最先迈出的脚步。时隔三年之后的1921年初夏，奥地利古生物学家师丹斯基在安特生的安排下，来到周口店龙骨山进行发掘。在当地老乡的指引下，在龙骨山北边的一座石灰岩小山头发掘时，安特生注意到一些白色带刃的脉石英碎片，这些锋利的刃口不是原生的，像是后期打磨出来的，因此安特生大胆推测这些带刃的脉石英碎片可能是古人类用过的。1923年，师丹斯基再次回到龙骨山进行发掘，并将采到的化石带回瑞典乌普萨拉大学着手研究。直到1926年夏天，师丹斯基在乌普萨拉古生物研究室整理周口店的化石时，辨认出两颗明确的人牙——臼齿。这消息无疑是一枚重磅炸弹，震撼了当时的科学界。当时不仅在中国，即使在亚洲大陆上的任何地方，都没有发现过这样古老的人类化石。

周口店古人类臼齿的发现不仅引起了不少国内外学者的关注，而且也引来了国际基金会的资助，加拿大解剖学者步达生来到周口店进行发掘。1926年，步达生对上述两颗古人类臼齿做了

▲ 周口店遗址

▲ 周口店猿人洞遗址

进一步的研究，正式将周口店古人类命名为“中国猿人北京种”，后改称为“北京猿人”或“北京直立人”，俗称“北京人”。1927年，步达生以北平协和医学院为依托，筹建了关于地质人类学的研究机构，同时与地质调查所签订合作协议，共同发掘周口店遗址，至此中国的学者正式参与到周口店的考古发掘中。1928年，在步达生的推进和丁文江、翁文灏的协助下，地质调查所新生代研究室成立，专门管理周口店发掘事务，步达生任名誉主任。1928年，我国的两位青年古生物学家杨钟健和裴文中，参加了周口店的发掘工作，但由于长时间未有实质性化石发现，杨钟健参加了斯文·赫定西北考察团，留下裴文中继续在周口店进行考古发掘，并全面主持周口店的发掘工作。

1929年12月2日下午，裴文中在周口店龙骨山猿人洞发现了第一个完整的“北京人”头盖骨，他即派专人送信给时任地质调查所所长的翁文灏先生，同时打电报给步达生“顷得一头骨，极完整，颇似人”。同年12月28日，中国地质学会特别会议在地质调查所隆重举行。在会上，裴文中第一次向全世界展示了新发现的“北京人”头盖骨，一时间成为爆炸性新闻，震动了学术界。本次会议上，杨钟健和德日进将第一具头盖骨出土地点列为周口店第一发掘处或第一地点，俗称“猿人洞”。1931年春，贾兰坡来到周口店参与发掘，并从1935年6月起接替裴文中主持周口店的发掘工作。1936年11月15日上午，贾兰坡在第一地点发现了左下颌骨一面，接着枕骨、眉骨、耳骨相继显露，此次发掘的第一个头盖骨出土了；当天下午又发现了另一个裂成多块的头盖骨；10 天后，11 月 26 日第三个头盖骨出土了。在周口店连续发现三个“北京人”头盖骨的消息再次震惊了世界。

1927—1937 年初的 11 年时间里，杨钟健、裴文中、贾兰坡等先后在第一发掘处发现了 5 个近乎完整的头盖骨及十几个破碎的骨以及大量的牙齿化石。据专家推测，这些骨骼化石可能来自 40 个男女老幼，代表了一个相当完整的古人类群体。1937 年后抗日战争全面爆发，周口店的发掘工作停止。当时中央地质调查所在周口店发掘的北京猿人化石标本现收藏在中国地质博物馆，其中裴文中发现的猿人头盖骨在日本侵华战争中失踪成谜，至今未解。1949 年新中国成立之后，在裴文中的指导下恢复了周口店遗址的发掘。2009 年，在中国科学院古脊椎动物与古人类研究所的组织下，又一次开启了对周口店遗址的大规模发掘。同时，南京师范大学采用铝铍埋藏测年法，测得“北京人”大概生活在距今 77 万年前，这一成果发表在英国《自然》杂志上。

在周口店遗址的发掘中，不仅发现了包括头盖骨在内的 200 余件北京猿人骨化石，而且还发现了 100 多种脊椎动物化石、近万件石器以及用火遗迹，这是人类进化的重要标志物。这些石器上有明显的加工和使用痕迹，用脉石英、绿色砂岩和燧石、水晶等材料制成，作为各种用途的工具，虽然粗糙，却比早更新世人类制造的工具有了很大的进步。

北京猿人化石经过近百年的多次发掘，目前已发现了多达几十个代表个体的丰富材料、数以百计的石器、厚达几米的灰烬层和百种以上的伴生动物化石。通过研究复原，北京猿人的面貌和体质形态基本与现代人相似，其生活环境优越，东北面的山上丛林葱郁，东南面洼地一片草原，山水丰茂，非常适合人类繁衍。周口店遗址成为世界上古人类遗址中内涵最丰富、材料最齐全、最有科研价值，并唯一保存了纵贯70万年的史前人类活动遗迹的遗址，1988年被联合国列入世界文化遗产之一。周口店遗址的发现和发掘研究是以我国学者为主开展的早期地质工作，具有里程碑意义的重大成果。对于参与发掘研究的外籍科学家的评价，虽尚有争议，但不管如何，对他们在发掘研究中的客观努力及发挥的积极作用，不应存有争议，应同我国学者一起载入北京猿人研究的史册。

“新洞人”化石的发掘

在周口店遗址附近有一个叫作“新洞”的洞穴，在其附近发现的牙齿化石对应的古人类被称作“新洞人”。

我国对新洞附近堆积物的挖掘始于1937年。当时考古工作者曾在龙骨山南坡、猿人洞以南直线距离70多米被称为“周口店遗址第四地点”的地方，发现了少量动物化石、一些石器和用火的遗迹。由于战争频仍，烽火连天，发掘工作难以维系，直到中华人民共和国成立后才恢复工作。1967年，在第四地点附近终于发现了一个洞穴，后来被称作“新洞”。随后，在1972年和1973年的发掘中，除了动物化石、石器和用火遗迹外，考古工作者还发现了一颗人类牙齿化石，人们就将与之相关的古人类称作“新洞人”。

根据所在地层对比和同位素测年数据推测，新洞人生活在距今约11万年至约17万年之间，属于早期智人。而且发现的那颗牙齿化石的形态与北京猿人也有所不同，应该处于北京猿人进化过程中，介于北京猿人和山顶洞人之间。新洞人的发现给北京猿人到山顶洞人之间增添了一个极其重要的中间环节。有关化石虽然是在“新洞”附近发现的，但并不能确定新洞人是不是生活在那个洞穴中，因为牙齿化石埋藏位置是在“新洞”洞口外，高度与其洞口顶部平齐；也可能是当时洞外地面与洞口顶部平齐，即洞口已经堵塞，使古人类无法在“新洞”内生活。

通过发掘和研究推测复原发现，新洞人生活时期石山的自然条件，如地形、植被、水系等发育基本接近现代，气候也比较温暖，适合“新洞人”在这里繁衍生息。

对于“新洞人”的发现，目前在社会上出现了不同的观点。中国科学院院士、古人类学家吴新智认为，新洞内发现物中，根本没有古人类活动痕迹，所谓的新洞人，是以讹传讹的结果。观点不同引起的争议，至今仍未结束，看来要想彻底解开“新洞人”之谜，还需假以时日。

“田园洞人”化石的启迪

田园洞人化石是继北京猿人化石、新洞人化石和山顶洞人化石之后的又一个具有世界意义的古人类研究发现，是 21 世纪我国古人类研究的重大成果。2003 年，我国考古工作者在距离著名的周口店北京猿人遗址约 6 公里的田园林场内，经考古发掘和研究，发现了包括下颌骨和部分肢骨在内的古人类遗骸和丰富的哺乳动物骨骼，根据其发掘地点将其命名为“田园洞人”。田园洞由此也成为周口店遗址群的第 27 个地点。

根据地层对比和同位素数据表明，这是生存于距今约 4 万年前的早期亚洲现代人，在形态上和现代人几乎没有差别。除了采摘野果和狩猎之外，田园洞人已经学会大量捕食淡水鱼，这让他们的食物来源变得更加稳定和多样。化石研究证实，田园洞人是在北京西山地区生活，晚于北京猿人、新洞人的古人类。由于狩猎的范围和种类扩大，生活在周口店地区的古人类，一如既往地生活在为他们提供丰富食物和绝佳休憩场所的周口店地区，并在劳动生活中不断进化。

值得一提的是我国学者在研究田园洞人时，采用了新型的核 DNA 和线粒体 DNA 测试方法，成功地将田园洞人腿骨上的 DNA

与来自土壤细菌中的DNA分离，提取出仅占总量0.03%的DNA样本，使田园洞人成为第一例被获取核DNA的早期现代人。经DNA检测发现，田园洞人或是中国人直系祖先。

截至这批田园洞人化石被发现前，除1949年以后发现的“北京人”7枚牙齿、一段上臂骨、一段腿骨化石外，此前发掘出的化石都在第二次世界大战期间遗失了。田园洞发掘，是新中国成立以来出土化石最丰富的一次，对东亚地区现代人的演化研究具有重要意义。

“山顶洞人”化石的分析

山顶洞人是晚更新世晚期智人的一种，因发现于周口店龙骨山山顶洞穴而得名。同时代化石资源十分丰富，至今在全国各地已发现的与山顶洞人同时代的化石还有广西柳江人、来宾人、内蒙古河套人和山西许家窑人等。

山顶洞人化石，发现于周口店龙骨山北京猿人洞穴上方另外的小洞。20世纪30年代初，地质调查所科考人员曾在这里发掘出一男二女的完整头盖骨化石，加上其他零碎骨骼化石，至少证实它们来自8个人体，在这些化石周围还找到了一些装饰品和赤铁矿粉。

山顶洞人生活在距今约3万年前，当时地球处于一个较为温暖的亚间冰期。由于生存环境较为温暖，山上植被茂密，山下草原苍茫，除了种类繁多的果实外，还有虎、熊、狼、牛、羊和鱼等多种动物生活，给山顶洞人提供了丰富的食物来源。穴居的山顶洞人在靠近河流的山岭边生活，以捕鱼和猎鹿为主要食物来源。在山顶洞中还发现了48种哺乳动物化石，包括落入天然陷阱的熊和虎的骨架，以及生活在炎热地带的猎豹和鸵鸟等化石，也说明当时此地的气候比较温暖。

已发现的山顶洞人使用的石器化石数量很少，相对也不典型，但是其中一件用砂岩砾石打制而成的凹刀刮削器制作十分精良，具有很好的收藏和研究价值。

山顶洞人的装饰品非常丰富，有穿孔的兽牙、海蚶壳、小石珠、小石坠、鲩鱼眼上骨和刻沟的骨管等。穿孔的兽牙最多，有125枚。其中一枚骨针，除针孔外针身保存完好，针长82毫米，针尖锐利、针孔很细，可能是用其他更尖锐的尖状物钻制而成。针身微弯、打磨光滑，证实山顶洞人已开始用骨针缝补衣物。根据化石、地层对比和同位素测试数据推测，这是中国发现的最早的旧石器时代缝纫工具，说明他们掌握了钻孔技术，不仅会一面直钻，而且能两面对钻。在鲩鱼的眼上骨和直径只有3.3毫米的骨针上钻出细孔，表明技术已相当熟练，制造钻孔工具的技术已达到相当水平。山顶洞人除了会将贝壳等钻孔、打磨外，还会用兽骨兽牙、海坩壳、石珠和鱼骨等穿孔制成装饰品，使用赤铁矿粉末染色，再用枝条穿起来，垂挂于胸前，这就是人类最原始的项链。

钻孔、磨制和染色技术，这些都是以前时期所没有的，而这

▲ 东胡林人遗址

些新技术的运用则显示出当时人类生产技能的提高，使生活更加丰富。骨针的出现意味着当时山顶洞人已会缝纫，缝缀起来的兽皮既可搭盖住所、抵御风寒，也可掩护身体，说明他们已有初步的身体意识；而装饰品的出现，又表明山顶洞人已经有了审美观念；将死者埋葬在下室，说明山顶洞人可能已经有了原始的宗教信仰。

“东胡林人”之谜的探索

东胡林人是晚更新世新石器时代以来出现的新新人类。发掘遗址位于北京市门头沟区斋堂镇东胡林村西侧，地处永定河支流清水河北岸二级阶地上的马兰黄土层，是1966年北京大学地质地理系学生郝守刚在东胡林村西发现的。当时野外科考人员来到了东胡林村西梯田修复现场，见到了村民挖出的三具人骨和螺壳项链、骨镯及石器等文化遗物。研究认为，这里出土的人骨来自新石器时代的早期墓葬，分别属于一个少女和两个成年男性个体。从此，东胡林人作为新新人类种属的研究引起了学术界的关注。

在多次调研的基础上，经国家文物局批准，1999年北京大学考古文博学院与北京市文物研究所联合组成了东胡林考古发掘队开展研究。在2001年7月到8月的第一次发掘中，又有了新的发现，除出土的一批重要的石器、陶器、骨器、人骨、螺壳、兽骨等遗物外，还发现了多处烧火遗迹，并进行了木炭、土样、骨骼、螺壳等年代测定，孢粉分析和DNA标本研究。2003年9月18日考古发掘队再次对东胡林遗址进行了发掘。在这次发掘的东胡林墓葬中，除人骨外还包括一批新石器时代早期的陶器、石器、骨器、装饰品和烧火遗迹等重要文化遗产，并首次发现了华北地区有明确地层关系和距今一万年左右的新石器时代早期墓葬，为研究华北地区乃至中国新石器时代早期人类及文化提供了十分重要的资料。1985 年东胡林人遗址被门头沟区定为重点文物保护单位。

截至目前，在中国华北地区发现的距今一万年左右的新石器时代早期遗址为数很少。在为数不多的这类遗址中，既发现有石器、陶器、骨器、蚌器，又发现有火塘和墓葬的仅东胡林一处。东胡林人的发现，也填补了北京地区自发现距今约 3 万年的山顶洞人以来到新石器时代人类发展史上的空白，对认识新石器时代早期人类的经济方式、食物结构，乃至环境变化对人类演化的影响都有重要的科学价值，为探讨农业、陶器的起源与发展提供了较完整的资料。此外，在遗址发掘中揭露的自更新世晚期以来的连续地层剖面既有古代人类活动的文化堆积，又有自然形成的地层堆积，对于研究华北地区环境变迁以及人地关系也具有十分重要的意义。

游历寺庙阅古今

“天下名山僧占多”。佛教传入北京后，最早的落脚点就在北京西山。在京西的群山中，寺庙棋布，这里是北京地区宗教集中展现之地，彰显着深厚的文化底蕴。特别是佛教，在北京宗教发展历史中占有重要的地位。

京西古刹——潭柘寺

历史上，京西地区最主要的宗教就是佛教，佛教进入北京后修建最早的一座寺院就是潭柘寺。潭柘寺位于今门头沟区潭柘寺镇的西北部，与108国道临近。它始建于西晋年间，距今已有1700多年的历史，是北京地区最古老的寺庙，在北京民间流传有“先有潭柘寺，后有北京城”的说法。

潭柘寺原名嘉福寺，唐代改称龙泉寺，之后曾多次更改寺名。至明代时，先后恢复了龙泉寺、嘉福寺的旧称。清康熙皇帝曾赐名“岫云禅寺”。因为寺后有龙潭，山上有柘树，民间百姓一直称之为“潭柘寺”。

潭柘寺坐北朝南，从东往西依次有九座高大的山峰呈马蹄形环护，这九座山峰分别是回龙峰、虎踞峰、捧日峰、紫翠峰、集云峰、璎珞峰、架月峰、象王峰和莲花峰。九座山峰宛如九条巨龙拱卫着中间的宝珠峰，规模宏大的潭柘寺就在宝珠峰的南麓依山而建。高大的山峰阻挡了冬季从西北方袭来的寒流，使潭柘寺所在之处气候相对温和，因而这里植被繁茂，古树名花众多，环境极为优美。“前有照，后有靠，左右有抱”描述

▲ 潭柘寺大雄宝殿

的就是潭柘寺的地理位置。潭柘寺内的庙堂随山势高低而建，错落有致，其建筑风格保持着明清时期的风貌，是北京地区规模最大的一处寺庙古建筑群。整个建筑以一条中轴线纵贯其中，左右两侧基本对称，充分体现了中国古建筑的美学原则。主要建筑可分为中、东、西三路，建筑群规制严整、主次分明、层次清晰。其建筑形式多种多样，有殿、堂、阁、斋、轩、亭、楼、台、坛等。在寺外，还有上下塔院、东西观音洞、安乐延寿堂、龙潭等众多的建筑和景致，宛如众星捧月，散布其周，组成了一个方圆数里、景点众多、形式多样的佛教重寺。

西晋愍帝建兴四年（316），佛教始入北京，嘉福寺是最早修建的一座佛教寺庙，也就是今潭柘寺的前身。修建之初寺庙的规模并不大，加之佛教在当时还未能被民间普遍接受，因而发展缓慢。以后又出现了北魏和北周两次“灭佛”，因此嘉福寺自建成之后，一直未有发展，后来逐渐破败。

唐代，武则天万岁通天年间（696—697），佛教华严宗高僧华严和尚居住在幽州城北，“持《华严经》以为净业”，“其所诵时，一城皆闻之，如在庭庑之下”。在幽州都督张仁愿的赞助下，华严和尚来到了潭柘山开山建寺，购买了嘉福寺附近的土地，以当时已经破败了的嘉福寺为中心，重建寺庙。华严和尚带领僧众填平了寺内一个叫“青龙潭”的大水坑，修筑殿宇，扩建寺院，开拓出了潭柘寺的雏形。寺院后山有两眼丰沛的泉水，一眼名龙泉，一眼名泓泉，两眼泉水在后山的龙潭合流后，流经寺院，向南流去，不仅满足了寺院日常的生活用水，而且还能灌溉附近大片的土地农田，正是因为有了这股宝贵的泉水，此后附近才出现了平原、南辛房、鲁家滩等村庄。故而华严和尚将嘉福寺改为“龙泉寺”。潭柘寺有了一定的规模，并在幽州地区有了名气，逐步发展兴盛起来。所以后人尊华严和尚为潭柘寺的“开山祖师”，华严和尚也因此被收录在《续高僧传》中。因华严和尚属于华严宗，故而潭柘寺也就成为幽州地区第一座确定了宗派的寺院，同时也是华严宗在幽州地区的第一座寺院。

唐武宗李炎崇信道教，下令在全国摧毁佛教，潭柘寺因而再次荒废。直至五代后唐时期，著名的禅宗高僧从实禅师来到了潭柘寺，整修寺院，“师与其徒千人讲法，潭柘宗风大振”，使得潭柘寺重又繁盛了起来。潭柘寺也从此由华严宗改为禅宗。

金代，北方佛教大兴，禅宗在中都（今北京）地区有了很大的发展，潭柘寺逐渐兴盛，先后出现了数位禅宗大师，极大地提高了寺院的声誉。金熙宗完颜亶于皇统元年（1141）到潭柘寺进香礼佛，并拨款修寺。这是第一位到潭柘寺进香礼佛的皇帝，开了帝王进潭柘寺礼佛之先例，后代皇帝争相效仿。金熙宗将当时的寺名“龙泉寺”改为“大万寿寺”，并拨款对潭柘寺进行了大规模的整修和扩建，开创了皇帝为潭柘寺赐名和由朝廷出资整修潭柘寺的先河。帝王进寺礼佛，对于提高潭柘寺地位、繁盛寺院香火，起到了重要的作用，潭柘寺禅学日益昌盛。

元代，潭柘寺依然辉煌，当时著名的禅宗佛学大师瑞云靄禅师、柏山智公禅师等，都享有崇高的声望，他们对于整修寺院，繁盛潭柘寺的香火等方面都起到了很大的作用。元世祖忽必烈的女儿妙严公主为了替父赎罪，也在潭柘寺出家，在观音殿内每日跪拜诵经、“礼忏观音”，年深日久，竟把殿内的一块铺地方砖磨出了两个深深的脚窝。现今妙严公主“拜砖”依然供奉在潭柘寺的观音殿内，是寺内极为珍贵的一件历史文物。

明代，潭柘寺在历史的转折中扮演了关键角色。寺内名僧道衍（姚广孝）辅佐燕王朱棣夺取了帝位，官封太子少师，功成名就后，道衍辞官，返回潭柘寺隐居修行，已成为永乐皇帝的朱棣曾来潭柘寺看望他。据说姚广孝是修建紫禁城的设计师，他从潭柘寺的建筑和布局中获得了不少灵感，太和殿就是仿照潭柘寺的大雄宝殿而建的，同为重檐庑殿顶，井口天花绘金龙和玺，所不同的是规模更高大了。姚广孝直至奉旨主持编纂《永乐大典》，才离开了潭柘寺，但其在潭柘寺隐居修行时的住所少师静室，至今犹存遗址。明宣德二年（1427），朱棣的孙子宣德皇帝命著名的高僧达观任潭柘寺住持，并赐寺名“龙泉寺”。

清代是潭柘寺历史上最辉煌的时期。潭柘寺改禅宗为律宗，并出现了多位律宗大师。清康熙二十五年（1686），康熙皇帝钦命广济寺住持律宗大师震寰和尚为潭柘寺住持，并于当年秋天到潭柘寺进香礼佛。康熙三十一年（1692），康熙皇帝拨库银1万两，整修潭柘寺。在震寰和尚的主持下，历时两年，整修殿堂300余间。康熙皇帝后来又先后两次到潭柘寺进香礼佛，并赏银赐物，题写匾联。在清代的历史上，先后有康熙、雍正、乾隆、嘉庆四位皇帝，多次到潭柘寺进香礼佛。有了皇帝的宠爱，潭柘寺广置庙产，增购土地，扩展林区和山场，发展成为一座庞大的寺庙庄园，也达到了其历史上的顶峰时期。

潭柘寺历史悠久，自然、人文景观丰富，前往潭柘寺游览一般必看的景观有：大雄宝殿、毗卢阁、舍利塔、流杯亭、大伙房与铜锅、帝工树与配工树、百事如意树、金镶玉与玉镶金“二乔”玉兰等。

大雄宝殿

大雄宝殿是潭柘寺内最雄伟的建筑，坐落在2米多高的月台上，其边缘装有雕工精美的汉白玉石栏杆。殿前左右两侧为形制相同的伽蓝殿和祖师殿，均为硬山式木结构。大殿宽约33米，进深约20米，高约24米，是古建筑中最高等级的重檐庑殿式。黄色琉璃瓦覆殿顶，下层为绿琉璃瓦剪边檐，两层檐角均挂有风铃，上层为圆形，下层为方形，象征着“天圆地方”。殿前院中左右两侧分列着建筑形式相同的钟楼和鼓楼。大殿正面原来悬挂的是清康熙皇帝手书的“清静庄严”匾额，现在悬挂的是赵朴初

▲ 潭柘寺毗卢阁

▲ 潭柘寺舍利塔

先生手书的“大雄宝殿”斗字金匾。门额上挂有清乾隆皇帝手书的“福海珠轮”金字行龙戏珠横匾。

大殿顶上的吻兽为三样十一拼正吻，高2.9米，吞脊大兽海口怒张、银牙凌翘，在每个大吻的前后两面均盘曲着一条金龙。这对巨大的鸱吻是清代重修大雄宝殿时，仿照明代以前的式样重新烧制的，立于1692年，虽然已有300多年，但至今仍色彩鲜明，是北京地区所有的佛寺鸱吻中最大、最精美的，堪称潭柘寺的“一绝”。据说这两个巨大的鸱吻是一对龙子，康熙皇帝怕它们腾空飞走，在鸱吻的两侧用御赐的金锁链“镀金剑光吻带”把它们永远地锁在了大雄宝殿的殿顶上，这也是潭柘寺所特有的。

大殿内的梁、栋、天花板上绘有“金龙和玺”，殿内正中供奉巨大的泥质漆金释迦牟尼坐像，两侧侍立迦叶、阿难二位尊者，东西两侧供有石膏漆金的十八罗汉坐像。在大殿内东侧的墙壁上原来绘有一幅巨大的壁画，上画华严祖师在蕉林下骑龙欲飞。佛像前面原来有两根名曰“自油柱”的木柱，每年春秋之交，木柱中会渗出油脂，仿佛给木柱新涂饰了一层油漆一般，是当年潭柘寺的一宝，可惜康熙三十三年（1694）因火灾两根“自油柱”被烧毁。

毗卢阁

潭柘寺内建筑以一条中轴线纵贯全寺，这条中轴线上最后的一座建筑就是毗卢阁，也是寺内最高大的建筑。毗卢阁高约16米，进深约13米，面阔约33米，为双层楼阁式建筑，硬山顶。上层阁的前檐上挂有清康熙皇帝手书匾额“毗卢阁”，在下层阁的门额上挂有清乾隆皇帝手书“圆灵宗镜”的匾额。

毗卢阁分上下两层，下层阁内供奉五方佛，泥质漆金。中间一尊是毗卢遮那佛，又称理智不二法身佛，密宗称为大日如来，简称毗卢佛，毗卢阁的名称也因此而来。其东侧第一尊佛是表示福德的南方宝生佛，第二尊是表示觉性的东方阿閦佛；其西侧第一尊佛是表示智慧的西方阿弥陀佛，第二尊佛是表示事业的北方不空成就佛。门内的楹柱上有清代大书法家励宗万手书楹联“寺枕龙潭七祖分支传妙法，山连鹫岭九峰环翠拥诸天”。

毗卢阁的两侧有石砌台阶可通上层。上层阁因前面出廊，因而殿内进深比下层略小。殿内原来供奉有“三身佛”，即释迦牟尼的法身、报身和应身。正中为法身毗卢遮那佛，左侧为报身卢舍那佛，右侧为应身释迦牟尼佛。毗卢阁原来是珍藏佛经的地方，俗称藏经楼，其两侧的配楼是珍藏朝廷御赐物品的地方，是寺内最神圣的地方，只有方丈和少数大执事和尚才能进入，一般僧人和游人香客是不准靠近的。现在这里已开辟为文物展室，展出寺内保留下来的一部分珍贵文物以及清代部分住持的画像。

毗卢阁最具特色的是阁顶上的砖雕。毗卢阁为硬山顶，一条用砖砌成的大脊横贯全阁。其正面的图案是用镂空的技法雕出的“游龙戏珠”，八条精美的游龙奋鳞扬爪、追逐着一颗向上升腾喷发着火焰的宝珠，十分精美；大脊的后面雕刻着“凤戏牡丹”，六只展翅的彩凤簇拥着一朵朵硕大的牡丹花，雍容华贵；大脊两端的鸱吻更为奇特，正面雕刻的是“降龙戏珠”，后面雕刻的则是“百鸟朝凤”，上面是一只飞舞的彩凤，在彩凤的下面是一条奋游的金龙。在封建社会里龙代表皇帝，是至高无上的皇权象征，“凤在上，龙在下”的雕刻当属是“大逆不道”，除了清东陵的慈禧墓和这里的以外，其他地方很少见这样的图案。

舍利塔

“舍利塔”又名“金刚延寿塔”，位于毗卢阁东侧，塔高约20米，是明越靖王朱墉于正统二年（1437）为其母亲诚孝张皇后祈福所建，塔内藏有张皇后的生辰八字和佛经。塔为覆钵形藏式塔，砖石结构，通体涂白。塔身下面是长宽约17米的四方形的须弥座，须弥座上有3道环形的金刚带。覆钵形的塔身上面高耸着圆锥形的塔刹，塔刹上有13道环带，象征着佛家所说的“十三天”，塔刹的顶端雕有日、月、星饰物。舍利塔后面的墙壁上镶嵌着一块字迹已经模糊的石碑，这是潭柘寺现存最古老的一块石碑，立于金明昌五年（1194），碑上刻的是当时潭柘寺住持重玉禅师写的一首七言古诗《从显宗幸潭柘》，记述了金大定年间，皇太子完颜允恭到潭柘寺进香时的盛况。

流杯亭

流杯亭正名叫“猗玗亭”。“猗玗”本意指的是带水的美妙玉石，这也正是流杯亭的美妙之处。流杯亭建筑在原无逸殿的遗址上，为方形四角攒尖顶的木结构建筑，上覆绿色琉璃瓦。亭高约 6 米，长、宽各 3 米左右，油漆彩绘，亭内用汉白玉石铺地，石面上刻有一条宽、深各 10 余厘米的弯曲盘旋的石槽，石槽从南向北看像龙头，从北向南看却像虎头，十分奇特。亭外东北侧的一个汉白玉雕的龙头口中流出的水，沿石槽从东侧入亭，几经盘旋后，从西侧流出。流杯亭是根据我国古代三月三“曲水流觞”的习俗而建造的，清乾隆皇帝在游寺期间，经常与王公大臣们围坐亭边，将一只盛上酒的竹制酒杯放在流水的入口处，让酒杯随水漂流，如果酒杯在谁的面前倾倒或者停住，就要谁罚酒一杯或赋诗一首，流杯亭因此得名。

北京的流杯亭共有六处七座，其中四座建在皇家园林和皇家内院之中，两座建在亲王府邸；即便潭柘寺内的流杯亭也是建在皇帝的行宫院内。可见，流杯亭这种独特的建筑是当时皇家所独有的，任何人都是不准建造的，但在北京众多的寺庙中，潭柘寺独享此荣，可见其地位之高。

大伙房与铜锅

大伙房在天王殿东侧，是一处独立的院落，院内有北房五间，东侧是做饭的操作间，即厨房，西侧是做饭的灶间。在灶间里原来安有三口大铜锅，一口蒸馒头的锅，直径约 1.6 米，深近 1 米；一口锅炒菜，直径近 2 米，深近 1.5 米；其中最大的一口铜锅是用来熬粥的，直径约 4 米，深约 2 米，用这口锅煮一锅粥要用近

▲ 潭柘寺流杯亭

▲ 潭柘寺大伙房

150 斤的小米，由七八个和尚烧火，用数担干柴熬十几个小时，可以供全寺的僧人吃一天。在京西地区有一句民间谚语“潭柘寺的粥锅，加水不加米”，说的就是这口锅实在是太大了，即使是来上几十个到此挂单的云游僧人，潭柘寺也无须再另做饭，只需往粥锅里加一些水。每年冬春之交、青黄不接时，潭柘寺还会用这口大锅熬粥，向附近的贫苦农民舍粥。因为锅太大，僧人们刷锅时都要用梯子下到锅里去刷。

除了大，这口大铜锅设计还非常巧妙，有漏沙子不漏米的神奇功能。在大铜锅的底部有一处凹陷，其形状如同一口小锅，名叫“容砂坠”。从外看锅底，“容砂坠”呈凸起状，使平圆的锅底变尖，能起到分火的作用，所以又叫作“分火锥”。煮粥时，火焰通过分火锥烧向锅的四壁，水沸腾后，水和米从四周沿着锅壁向上翻腾，再从中间下沉。米中的沙粒较重，就沉入了容砂坠中；而米则较轻，又沿着锅壁重新上浮，这样经过了无数次的循环往复，米中的沙粒就全部沉入了容砂坠中，所以粥里也就不会再有沙子了。

放置大铜锅的灶坑有 3 米多深，烧火的和尚要通过台阶上下灶坑。锅台与地面平，锅台建有一条深 0.15 ~ 0.2 米，宽 0.2 ~ 0.3 米的引水石槽，这样后山的泉水就可以沿着石槽直接流进锅里。石槽上还设有闸板，不用水时可以把石槽闸住，水便改道而行了，从而免去了僧人们的挑水之苦；用完后的废水通过地下的暗沟直接排入寺前的深沟中去。潭柘寺的上下水系统，设计犹如现代的自来水，科学简便、实用卫生，充分显示出了我国古代工匠高超的设计才能和建造水平。

在灶眼上方，镶嵌着一块汉白玉石匾额，上刻“潭柘寺”3个大字。据说是当年寺内的老方丈怕寺院遭受火灾，因而刻了这块石匾，镶嵌在灶口的上方，让它每日被火熏烧，使寺院免于火灾。与此相对的，在北京城内的地安门桥下也有一块刻着“北京城”三个字的小石碑，整日泡在水里，据说这样可以使北京城免受水灾。因而在北京地区的老百姓中间就流传下了这样一句俗语，叫作“火烧潭柘寺，水淹北京城”。

在灶口的右上方，还塑有一尊愁眉苦脸的小佛像。据说他是潭柘寺的第一位烧火做饭的僧人，人称“愁佛”，看其神态似乎正在为每日里烧不完的火，做不完的饭而愁苦忧烦。

但现在安放在西灶间里的大铜锅是炒菜用的，熬粥锅和蒸馒头锅均已不存。

帝王树与配王树

潭柘寺古树众多，仅国家一、二级保护古树就有186棵之多。其中，最著名的当属原三圣殿前、现大雄宝殿后的两棵古老的银杏树，一棵名叫“帝王树”，另一棵称为“配王树”。

银杏树有植物活化石之称，是古老的树种。其叶子形似鸭掌，古称“鸭掌树”，因其果实“似小杏而核白”，从宋代改称为银杏树，

▲ 潭柘寺帝王树

▲ 潭柘寺百事如意树

俗称白果树。又因其生长缓慢、树龄极长，故而又称为“公孙树”。银杏树雌雄异株，木质坚硬，银杏叶、果实均可入药。

东侧的帝王树植于辽代，至今已有千岁高龄。树高40余米，直径4米有余，六七个人才能合抱。相传在清代，每有一代新皇帝继位登基，就从此树的根部长出一枝新干，以后逐渐与老干合为一体，乾隆皇帝在来寺游玩时，御封此树为“帝王树”。这是迄今为止，皇帝对树木御封的最高封号，其职位远在著名的“五大夫松”和“遮荫侯”之上。20世纪60年代初期，已成为普通百姓一员的原清朝末代皇帝爱新觉罗·溥仪来到潭柘寺游玩时，曾手指着帝王树东北侧一枝未与主干相合的侧干，对负责接待的人戏说：“这根小枝就是我，因为我不成材，所以它才长得这么干瘦。”与其相对，西边的一棵银杏树略小，高约30余米，直径约3米，这是后来补种，与帝王树相配的。帝王树是树中的皇帝，有皇帝就要有娘娘，故而称其为“配王树”，不过这个名号却不是皇帝御封的。只可惜这两棵银杏树都是雄性，被错配了鸳鸯，因而不能结果。在其东侧的财神殿前，也有两棵银杏树，左右相对而生，这两棵树是一雌一雄，故而每年都是果实累累。

百事如意树

百事如意树在毗卢阁前的西侧。是一棵柏树与一棵柿子树相伴共生，像一对情侣一样紧紧地贴在一起，人们取其谐音，“柏柿”“百事”，因而称其为百事如意树。柏树属于柏科常绿乔木，柿子树属于柿树科落叶乔木，两棵不同属种的树木相伴共生，互不排斥，也实属罕见。

金镶玉与玉镶金

潭柘寺的竹子很有特色，并且是世间罕见的稀有品种。

在行宫院内的太后宫前面的甬道两侧，各种有一池翠竹。在金黄色的竹干上，有一道翠绿的细条状纵沟，每节之间交错而生，名叫“金镶玉”，又称作“黄金间碧玉竹”或“黄金挂玉”。在行宫院南侧的竹林院内，也种有两池翠竹。在碧绿的竹干上，有金黄色的细条状纵沟，每节间交错而生，这种竹子名“玉镶金”，又叫作“碧玉间黄金竹”或“碧玉挂金”。

这些竹子都是“龙须竹”，属刚竹类，原产于四川的成都地区，清康熙三十七年（1698），康熙皇帝御赐给潭柘寺龙须竹八杠，种植在万岁宫前后，即竹林院和行宫院内。如今这些龙须竹已经繁衍成林，并移植到了戒坛殿后、延清阁前、莲花池（现上停车场）的南侧等处。康熙皇帝游览潭柘寺时，曾写下了一首《咏潭柘寺竹》的七言绝句：“翠叶才抽碧玉枝，经旬清影上阶墀。凌霜抱节无人见，终日虚心与凤期。”

二乔玉兰

“三春一绝京城景，白石阶旁紫玉兰”说的就是在潭柘寺毗卢阁前的东侧，有一株享誉京城的玉兰。因为这种玉兰花紫中带白，兼有两种颜色，花开时节，紫中带白的玉兰花绽满枝头，十

▲ 二乔玉兰

分娇艳，故而人们借用三国时期的美女大乔、小乔相誉，称其为“二乔玉兰”。潭柘寺的二乔玉兰植于明代，距今已有 400 多年的历史了。北京地区比较常见的是白玉兰，紫玉兰比较少见，而这种紫中带白、种植年代久远的二乔玉兰只有在潭柘寺才能见到，堪称是潭柘寺的又一绝。

二乔玉兰又叫朱砂玉兰，属木兰科落叶小乔木，是玉兰和木兰的杂交种。叶呈倒卵形，春季长叶前开花，花呈钟状，气味芬芳。每朵花有九枚花瓣，分三层排列，外轮三枚较短，呈紫红色，其余的六枚花瓣外面带紫色，里面却是白色。二乔玉兰花朵硕大，每年 4 月开花，满树锦绣，馨香满园。潭柘寺的二乔玉兰中有两棵已高约 10 米，径粗约 0.2 米，另有几棵较小簇生在一起。

天下第一坛——戒台寺

戒台寺位于门头沟区马鞍山东麓，地处平原与山区交界之处，西倚极乐峰，南依六国岭，北邻石龙山，东望北京城。因寺内建有全国最大的佛教戒坛，民间通称为戒坛寺，又叫戒台寺。寺院坐西朝东，中轴线直指距其 70 公里的北京城，建筑样式基本是辽代风格，整座寺院既有北方寺庙巍峨宏大的气势，又有江南园林清幽秀雅的格调，深蕴厚重的宗教文化内涵，兼具神奇秀美的自然景观，不仅是中国汉传佛教一座著名的寺院，同时也是京畿腹地一处声名远播的名胜。

▲ 戒台寺

▲ 戒台寺活动松

▲ 戒台寺古丁香

戒台寺原名慧聚寺，始建于隋开皇年间，距今已有1400多年的历史。隋朝末年，佛学大师智周禅师因厌倦了尘世喧嚣，于是来到慧聚寺隐居静修，并整修和扩建寺院。几年后，应弟子之请，智周外出讲经说法，于唐武德五年（622）圆寂。智周禅师对寺院以后的发展起到了开拓性的作用，后世尊其为戒台寺的开山祖师。

辽代是戒台寺历史上最辉煌的时期。辽道宗咸雍初年著名的佛教律宗大师法均和尚来到了慧聚寺，带领自己的弟子广募资财，用了一年多的时间，对寺院进行了整修和扩建，并于咸雍六年（1070）四月建造了一座供说法传戒的大戒坛，与福建泉州开元寺、浙江杭州昭庆寺的戒坛合称为“全国三大戒坛”，而戒台寺戒坛规模又居三座戒坛之首，故有“天下第一坛”之称。戒坛的建成基本上奠定了戒台寺今天的格局。

戒坛建成后，法均大师开坛演戒，讲经说法，广度僧俗。由于法均大师在当时燕京的佛教界有着极高的声誉，因而慧聚寺开坛演戒、讲经说法之事迅速传遍了燕京以及全辽各地，成了轰动一时的佛门盛事，戒台寺也因此而声名远播。各地百姓纷纷前来听讲求戒，“来者如云，官莫可御”，戒台寺在当时成为众心所向的佛门圣地。当年岁末，以笃佛和仰慕汉文化闻名的辽道宗召见法均大师，请其在内廷讲经说法。道宗把自己亲手抄写的金字《大乘三聚戒本》授予了法均，并封其为“崇禄大夫、守司空”

的高官显爵。这件御制戒本被佛教界公认为律宗正统代表的信物，其持有者是律宗学派的当然领袖，因而《大乘三聚戒本》就成为戒台寺住持坛主历代相传的“镇寺之宝”，同时也奠定了戒台寺成为当时我国北方佛教最高学府和律宗圣地的崇高地位，戒台寺也因此声望日隆，香火繁盛。

明代以后，戒台寺开坛受戒必须持有皇帝的敕谕，地位之尊崇无以复加，明英宗时为戒台寺赐名“万寿禅寺”。

清代是戒台寺历史上又一个重要的时期，康熙、乾隆等皇帝多次来戒台寺进香，赏银赐物、题写匾联。康熙皇帝亲笔撰写了《万寿戒坛碑记》，镌刻成碑，立于寺中；清乾隆皇帝有《初至戒台六韵》一诗，这座寺院于是就有了今日“戒台寺”之名。光绪十年（1884），恭亲王奕訢在跟慈禧太后争夺权势失利后，来到戒台寺“养疾避难”。在此期间，奕訢出资整修了北官院（牡丹院）、千佛阁、五百罗汉堂，并为戒台寺赎回了一座庄园。奕訢在戒台寺留住长达十年之久，虽是“养疾避难”，客观上也对保护寺院、吸引布施起到了很大的作用。

在戒台寺的周围，还散布着多处附属于戒台寺的建筑古迹，在其东面 1.5 千米处石佛村的摩崖造像群，是北京地区现存规模最大的摩崖造像群之一。寺院西面极乐峰为石灰岩构造，山洞鳞次栉比，在岩溶作用下，形成了许多溶洞，洞中的石钟乳、石笋构成了千奇百怪、美不胜收的奇观，为北方少有，是人们寻古探幽的好去处。其中一部分洞穴被开辟成了石窟寺，是高僧静修的地方。

戒台寺以“戒坛、奇松、古洞”著称于世。戒台寺的古树名木甚多，仅国家级保护古树就有 88 棵，松树是戒台寺内数量最多、最著名的古树。这些古松或经人工修整，或自然天成，经过了千百年风霜雪雨，形成了各种奇特的造型，具有很高的欣赏价值，成为历代文人雅士赞咏的对象。

历经千年沧桑，戒台寺不但是一处佛教圣地，也是北京西山地区一处风景胜地。戒台寺规模虽然略小于潭柘寺，但寺内外不少景观也值得细细品味。

卧龙松与活动松

戒台寺古树成林，卧龙松就位于大雄宝殿的后面，10 米多长的主干蜿蜒横生、鳞片斑驳，宛如一条行将就卧的苍龙，懒洋洋地爬过石栏，卧在一块刻有清恭亲王奕訢手书“卧龙松”三个大字的石碑上歇息。此松植于辽代，现今已有千岁，早年寺僧用掐尖折枝的技法对树形进行了修整，因而使主干盘曲横生；后经过金、元、明、清等历代僧人的培育，从而形成了今天的奇特造型。民国时期著名的旅行家田树藩有诗赞曰：“千载古松号卧龙，居然雨露受尧封。历经多少沧桑感，治乱兴衰不动容。”

活动松位于方丈院的西侧，其形态宛如一把张开的伞盖。此树横生的枝杈都比较细，整个树冠全靠主干支撑，树冠向东南倾斜，主干与枝干的长度基本相等，从而使重心偏在东南侧；又因树上的细枝相互缠绕，所以只要随手牵动树的任何一枝，都会使得整个树冠的重心不稳，因为力的不平衡而使全树随之摇动，实为“牵一发而动全身”，故称为“活动松”。

清代乾隆皇帝曾作诗“老干棱棱挺百尺，缘何枝摇本身随？咄哉谁为挈其领，牵动万丝因一丝”。乾隆皇帝一共写过三首赞咏活动松的诗篇，均刻在此树西南侧的一块圆顶的石碑上。不过现在的这棵活动松已经不是当年乾隆所赞咏的那棵了，原来的活动松种植在千佛阁前，因火灾已于清末被毁。后来寺僧就选定了寺院南侧这棵形态与原来的活动松相似、同样具有活动效能的油松，接替了御封的名号，并将乾隆的诗碑迁移到了这棵树下。

古丁香

丁香是戒台寺公园最珍贵的花木之一，以白色为主，间有紫色。现园内共有丁香 1130 多棵，其中树龄在 200 年以上的就有 20 棵之多。如此古老的丁香，即使在故宫的御花园也才仅有两棵而已。北京植物园虽然也有种植，但无论是树龄、树貌，还是树高、粗细程度，都根本无法与戒台寺的丁香相比。戒台寺的丁香古老、高大、粗壮、芳香，树形多样，数量众多，在北京地区首屈一指。

戒台寺的古丁香遍布寺内各处，一般都高达 5 ~ 6 米，树冠直径为 6 ~ 9 米，遮阴面积达 30 ~ 70 平方米。最粗的一棵丁香树在牡丹院内，树干直径有 0.7 米；最古老的一棵在千佛阁前北侧，主干已近300年，虽然主干已死，但其旁边滋生出来的枝干年龄也已达200年以上。

戒台寺的丁香是大有来历的，相传清乾隆十八年（1753），乾隆皇帝第一次到戒台寺游玩时，见寺院内外苍松翠柏、满目青绿，景色虽然很美，但色彩上略显单调，于是就问寺内的方丈："如此人间仙境，为何满目只是苍松翠柏，而不见红花绿草？这岂不乏味？"方丈说："此乃佛国圣地，不敢栽种凡俗花草，只有仙花瑶草才能得配，但名花难觅。"乾隆皇帝说："来日朕命内侍从畅春园选些花木赐予你们，给宝刹增辉，但不知何种花木适宜？"方丈回答说："本寺每年在佛诞日都要用名香浸水、沐浴佛祖，就请万岁赐些芳香的花木吧。"于是乾隆问身边的太监："何种花木最香？"太监回答说："畅春园内花木香气最重者，当属丁香。"于是乾隆就命人从畅春园内移植来20棵丁香，种进了戒台寺内。转眼百年，畅春园作为圆明园的一部分，已于1860年被英法联军烧毁，因而戒台寺的古丁香也就成了绝无仅有的一处了。

外塔院

外塔院位于寺院东南侧约0.5千米处，与戒台寺一涧之隔的平头小山上。这里松柏苍翠、宝塔高耸，是明清两代戒台寺高僧安息的地方。现存墓塔13座，其中有密檐式砖塔一座，覆钵形藏式砖塔12座。除密檐式砖塔和一座较大的藏式砖塔保存较好外，其余的均破损严重。

密檐式砖塔为八角九层砖休实心塔，下部塔基为砖砌须弥座，须弥座上面为三层莲瓣的莲花台，塔身的第一层比较高大，四个正面用砖雕砌成格子门，四个侧面为琐文窗。塔身各层全用仿木结构建筑，雕砌出柱、额和斗拱。塔刹为莲花盘托宝珠的造型，宝珠象征着舍利子，这是僧人墓塔装饰上所常见的一种标志。密檐式墓塔中埋葬的是明代戒台寺第一代住持大坛主知幻大师。知幻大师是明代著名的律宗佛学大师，任戒台寺住持后整修寺院，开坛演戒，使戒台寺中兴，香火繁盛。他的墓塔原在山南的观音洞前，后迁移至此。在外塔院中，知幻大师墓塔位于正中位置，塔高九层，是这里最高大的一位墓塔，是外塔院中的“祖塔”，其余墓塔均以此为中心，向两侧排列。

位于密檐塔北侧约 20 米处，有一座建于明代晚期的较大的覆钵形藏式砖塔。但塔身外面的砌砖大部分已剥落，塔刹尚存，刹顶为莲瓣式圆盘托宝珠。

其余的墓塔是清代的墓塔，都比较矮小，并且破损严重。

金顶妙峰山——娘娘庙

妙峰山风景名胜区位于北京西山门头沟区妙峰山镇，面积约 20 平方千米，以“古刹”“奇松”“怪石”“异卉”而闻名。妙峰山属太行山余脉，主峰海拔 1291 米，山势峭拔，花草清丽。

▲ 妙峰山

▲ 妙峰山娘娘庙

▲ 妙峰山回香阁

▲ 妙峰山玉皇顶

因有日出、晚霞、雾凇等时令景观；有我国品质最好的千亩玫瑰花；有华北地区规模最大的传统朝圣庙会等，是北京西山地区最具文化底蕴的风景名胜区之一。

久负盛名的妙峰山娘娘庙始建于辽代，三处庙宇群（灵感宫、回香阁、玉皇顶）依山取势，参差错落、高低有致；三处庙宇群共有14座殿宇，分别供奉着释、道、儒、俗各路的神灵，是明清时期华北地区的民众信仰中心。

在明清两代及民国年间，妙峰山顶的碧霞元君祠（娘娘庙），曾经是中国北方地区远近闻名的圣地。北京有一句老话“妙峰山的娘娘照远不照近”，传到如今，人们已不知道它究竟起源于何时，甚至也说不清这句老话当初的来历。始于明崇祯年间的妙峰山娘娘庙会，又称妙峰山娘娘庙香会，号称“香火甲于天下”，距今已有300余年的历史，是一种古老的传统民俗及民间宗教文化活动，也是老北京及北方省市影响最大的一项民间信仰、民俗风情活动。每年的农历四月初一至十五，来自全国各地数十万善男信女，几百档民间花会汇聚妙峰山，朝顶进香、酬山赛会、施粥布茶，场面之壮观、信众之虔诚实属罕见。据清《燕京岁时记》记载“妙峰山每属四月，自初一开庙半月，香火极盛，人烟辐辏，车马喧闹，夜间灯火之繁灿如列宿，香火实可甲于天下矣”。1925年，北京大学国学门研究所对妙峰山庙会进行了专门调查，出版了《妙峰山进香专号》。此次调查开创了我国民俗学田野调查的先河，妙峰山因此成为中国民俗文化的发祥地。

妙峰山素以“古刹、奇松、怪石”而闻名，是以宗教民俗为主，集观光旅游、康体娱乐、避暑休闲于一体的旅游胜地。

妙峰山空气清新，灌木茂密、生机盎然，仅木本植物就有600余种，优质药材20余类，奇花异卉种类繁多，山桃花、野丁香、山茉莉、杜鹃花、麦杆菊、千亩玫瑰花此开彼落。奇松傲站峭壁，迎客松、携手松、胜利松、凤凰展翅松……皆以形赋意，令人称绝；猿人石、状元石、茶壶山灵幻奇巧，与奇松巧妙结合，惟妙惟肖，若静若动，令人浮想联翩；登顶远眺，犹如置身天庭，无限风光尽收眼底。

由于海拔高、气温低，妙峰山适宜玫瑰花的生长，是我国有名的玫瑰花产地。2011年12月20日，原中华人民共和国农业部批准对“妙峰山玫瑰”实施农产品地理标志登记保护。妙峰山玫瑰，因生长地多位于海拔700米以上，因此又被称作高山玫瑰。除了观赏外，还可提取精油、熏茶、酿酒、入药、食用、制酱等，果实成熟后也可食用。每到六月，千亩玫瑰竞相绽放，浓郁的花香四散飘逸，沁人心脾，是京城独一无二的景观。其后，丁香、杜鹃、茉莉、金针等花草又相继开放，历久不衰，形成“四面有山皆如画，一年无日不看花”的特有景致。

妙峰山浓聚世间名山之奇景，汇聚人间福地之精华，名胜古迹众多。除妙峰山主景区外，周边还有辽代皇家名刹——仰山栖隐禅寺、大云寺、宛平八景之一的“灵岩揽胜”——滴水岩、末代皇帝溥仪的英文老师庄士敦的私人别墅遗址等。

妙峰山景区四季皆有景，既可以登山赏景览胜又可寻遗访幽。

金顶莲花峰

妙峰山因娘娘庙名扬天下。娘娘庙其实并未建在妙峰山的主峰之上，而是建在海拔 1038 米的莲花金顶，也称金顶莲花峰巅。金顶之名，出自清康熙皇帝的金口玉言。明代，民间崇拜泰山娘娘即“天仙圣母碧霞元君”蔚然成风，北京城内外曾修建过几十座“泰山娘娘庙”，久而久之，出现了“五顶”之名，就是东、南、西、北、中顶。它们都是当时香火最盛、香客最多、庙市最热闹的娘娘庙。清初，据说妙峰山的娘娘特别灵验，“妙峰山的娘娘照远不照近”声名远扬，远近各处的香客像潮水一样来到妙峰山，使妙峰山娘娘庙的香火骤然遥居各顶之上，庙会更是如火如荼。康熙皇帝龙颜大悦，敕封妙峰山娘娘庙为“金顶”，使它凌驾于京城五顶之上。

莲花金顶之不凡，也并非全是沾了娘娘庙的光。它独峰秀出、三面绝壁悬崖、俊逸险峭；峰顶大石屏列耸峙，一块巨石参天而立，振翅欲飞，构成了莲瓣怒放的荷花造型；经亿万年沧桑而生就的峰巅巨石气韵雄浑壮美。朝晖夕阳，莲石映照，泛出金黄灿烂的亮彩，娘娘庙就巍然挺立在莲花石旁，掩映在苍松绿荫之间。

大雪初晴，千岭积银、万壑裹素，莲花金顶犹如琼楼玉宇；

娘娘庙碧瓦红墙、耀眼夺目。大雾弥漫、浓云翻滚时，峰峰岭岭又仿佛消融在苍茫云海深处，唯有莲花金顶，隐现沉浮，令人有“忽闻海上有仙山，山在虚无缥缈间”的空灵之感。

灵感宫与回香阁

灵感宫是妙峰山娘娘庙的正殿，殿门上方石额刻有“灵感宫”3个大字。殿内供奉着五座娘娘塑像，正中即“泰山顶上天仙圣母碧霞元君”妙峰山老娘娘，其两侧分别是眼光、子孙、斑疹、送生4位娘娘，两旁还塑有女官、卫士等。宫外门柱楹联上书“云行雨施不崇朝而遍天下；理大物博祖阳气之发东方”。殿顶两坡硬山顶，青灰筒子覆顶，黄琉璃瓦顶，绿琉璃瓦剪边，正脊东西各有鸱吻，殿门上为正搭斜交花棱窗，前出廊柱2根。门檐原来悬有三方匾额，分别写有“慈光普照”“功侔富媪”“泰云垂荫”，原匾为慈禧太后所书，现为复制品。

回香阁在灵感宫以北约100米处。香客在娘娘庙进香后，会再到回香阁烧一遍香，称为回香，这样朝顶进香的活动才算功德圆满。此处原是齐天庙，后建回香亭。回香亭重建时与天齐庙合为一处，改名回香阁。殿院飞檐脊兽，黄色琉璃瓦封顶，砖围墙。山门殿额写着“回香阁”。回香阁正殿供奉着泰山之神东岳大帝，门前楹联上写“大德齐天，作镇统元五月长；瑞云焕彩，资生贯敷九灵峰”。西厢殿为武圣殿，供奉岳飞像，还有秦桧夫妇向岳飞跪像。武圣殿原名“速报司”。东厢殿为文昌殿，供奉文昌帝君神像。

玉皇顶

玉皇顶在海拔 1150 米处，是目前妙峰山游览区的制高点。从娘娘庙北行绕过回香阁，沿着云梯台阶直上，石阶顶端即为玉皇顶。登顶路是一条上行的山脊，用花岗岩铺成 260 级石阶道，相传香客到此，每向上登一级石阶，就能保一日平安，所以游人无不争先恐后地去攀登这陡峭的石道。

玉皇顶是一处殿院，玉皇殿内供奉玉皇大帝神像，在道教中玉帝地位次于三清尊神。民间传说，玉皇大帝是天界人间的最高主宰，是万神之王，所以被独自安排在更高的山顶，并以他的名字直接命名了该地。殿外楹联写着“妙顶泛金辉，九天彩仗开阊阖；霞宫临紫盖，万姓熏香叩玉清”。

游历山水话风光

国家级自然保护区——百花山

百花山位于北京房山区与门头沟区交界处，地处太行山北端，属小五台山支脉。百花山海拔 1991 米，最高峰百草畔海拔 2035 米，为北京市第三高峰。百花山与东灵山遥遥相望，通体相连，构成京西的天然屏障。

百花山主体部分的岩性是由距今 1.5 亿年左右的中生界侏罗系火山岩组成，以安山岩为主，构成石城、石峰、石柱等景观。

百花山是一个完整的向斜构造，向斜核部为中生界侏罗系髫髻山组喷出岩，两翼由中生界九龙山组、龙门组、窑坡组、南大岭组以及古生界地层组成，是典型的“地形倒置”现象。

在百花山东北和西南部两侧的山脊上，有一个宽阔平坦的台地，形成于新生代古近纪始新世，距今已有 5600 万年，这就是著名的百花山侵蚀面，也是京西第二级高度的侵蚀面。这里绿草遍地、鲜花盛开，构成了独特的亚高山草甸景观。

百花山环境独特、风景优美、气候凉爽、空气清新，年降水量在 720 毫米以上，年平均气温 6 ~ 7℃，七月份平均气温只有 22℃；加之植被茂密，负氧离子含量高达 5 级，是消夏避暑的胜地。每年六月至九月是百花山游览的最佳季节，六七月份山花绚烂、多姿多彩，山上云雾弥漫，形成瀑布云，是观赏云雾、日出日落的佳地。到了九月底十月初，平原地区还是郁郁葱葱，百花山已是秋意的五彩斑斓。登山远眺既可健身养生，又可赏景怡情。

百花山国家级自然保护区属于森林生态系统保护类型，主要保护对象是暖温带华北石质山地次生落叶阔叶林生态系统及珍稀保护动物及其种群。

天然植物园

据统计，百花山有 4 个植被类型、10 个森林群落、700 多种植物，分别占北京市植物总科数的 69%、总属数的 51%、总种数的 49%，数量、规模均居北京首位，素有“华北天然植物

▲ 百花山—百草畔

▲ 百花山华北落叶松林

▲ 蚂蚁山之蚁巢

园”的美誉。随着海拔的增高，依次呈现不同的植物带，在海拔1600 ~ 2000米之间有桦树、山杨、辽东栎等天然次生林和油松、落叶松等人工林。在阴坡残存有华北落叶松原始次生林，其中粗的树木直径可达1米，多数在0.3米左右，树龄约在百年以上，是北京地区最大的华北落叶松群，也是我国北方最大的华北落叶松群之一。在海拔1900米以上的草甸上生长着国家二级保护植物——金莲花，其有清热解毒的作用，是重要的药材。除此以外，还有蓝刺球、野石竹、猪苓、党参、大黄、黄芩和刺五加等药用植物。山上的野山菜尤以黄花菜出名，另外还有解葱、壮菜和蘑菇等。

20世纪五六十年代，北京市的林业部门又在山上人工种植2500亩的华北落叶松林。由于山上的气候和土壤条件适合华北落叶松的生长，现均已成林。

登山沿途，一路可以看到山桃、山杏、杜鹃、紫囊花等山花烂漫、三季不断，云杉、马尾松等古木参天、绿荫蔽日；山杨林、落叶松林、白桦林、杂灌木林和草甸等不同的植被景观。

蚂蚁山与地下水库

在百花山主峰西侧，有一座被称为蚂蚁山的蚂蚁王国。蚁巢建造得形似沙丘，最大的蚁巢直径有1米，高约半米，这样的蚁巢有好几千座。它们像村落一样，七八个一群，五六个一伙地分布于小路旁或林间空地上。

百花山水资源丰富，条条沟壑溪水长流，且水质极好，无污染。在海拔900～1991米的山腰和山顶上，均有清泉分布，泉水叮咚，溪流奔淌。在终年不见阳光的山坳里，有落差达150米、被称为“万年冰”的冰川瀑布，冬日晶莹剔透洁白无瑕；夏天百花、瀑布堪称一绝。

百花山地形、地貌、地质条件复杂，具有很高的科学价值和游览观赏价值。无论是流连于森林云海还是徜徉在野花清泉，均胜似人间仙境。

寺庙遗迹

显光寺历史悠久，是百花山上最大的寺庙之一，也是北京地区海拔最高的寺庙，辽代因寺庙附近有千佛岩而称佛岩寺。因雷雨之后，百花山千佛岩山顶常出现夜有闪光、昼现七色光环笼罩，被视为佛光显现，因此又改名为“显光寺”。显光寺坐西朝东，有四进殿宇，分别为天王殿、药师殿、大雄宝殿、千佛阁（文殊殿）。千佛阁内有铜铸的千手千眼文殊菩萨像，脚踩铁狮子，身后和两侧有泥塑小佛像千余尊。历史上的显光寺规模巨大，极为壮观。

瑞云寺相传为摩诃祖师修炼之所，始建于北周时期，距今已有1400多年的历史。寺院坐北朝南，现存建筑为清代重建。

百花山顶的四个石刻大字“锦簇攒天”为京西最高处摩崖石刻。

▲ 东灵山

北京之巅——东灵山

东灵山位于北京市最西部，主峰海拔2303米，是北京地区最高峰，比五岳之首的泰山还高800米。登临山顶、俯瞰四周有“一览众山小”之感。加之北京地势西高东低，从东灵山往东可望见京城的万家灯火以及明代建于“黄草梁”上的七座敌台；向西远眺可见河北省小五台群峰。南与俊秀美丽的百花山相望，北与河北省涿鹿县毗邻。

东灵山是一个由不同地质体组成的综合性地貌区。这里既有沉积岩受挤压后的褶皱抬升，又有岩浆的侵入与喷发，还有沉积岩受岩浆侵入后的构造变质；既有石灰岩系的岩溶地貌又有火山岩系的峭壁千仞、峻岭怪石，地质遗迹景观独特。灵山主峰由距今约1.5亿年中生代燕山期安山玢岩组成，岩石节理发育。由于物理风化作用，岩石沿节理垮塌以及间歇性的洪水冲刷谷底及侵蚀两壁，使垂直裂隙不断扩张，形成千姿百态的地貌景观。

东灵山由嶂谷和亚高山草甸组成。嶂谷分布在洪水口至江水河一线的峡谷地带，地层岩性主要由中新元古界白云岩、灰质白云岩组成；岩石结构致密，具较强的抗物理风化能力。岩石富含钙、镁质，岩溶地貌发育。因地层较为平缓，受水流下切侵蚀及溶蚀，形成峡谷地貌及喀斯特地貌景观，常常发育孤峰、峰丛、岩壁、岩缝、溶洞等奇特的地质现象。

▲ 东灵山植被垂直分布

▲ 东灵山高山草甸

东灵山属温带大陆性季风气候，年平均气温只有6.5℃，年降水量600毫米。无霜期短，日平均气温比北京城区低10 ~ 12℃左右，四季气候与京城相比有着极大的差异，呈现出春秋短、冬夏长的高山气候的特点。在五月，东灵山顶仍可见到飘雪，雪花飘落山顶，形似白玉冠盖。据《宛平县志》中记载，“东灵山常年积雪，望之若矾，故又得名矾山”。

植被垂直分布明显

东灵山有3000亩草甸和5000亩森林，构成了一个色彩斑斓、层次清晰、垂直分带明显的立体色彩世界。

东灵山的植被随海拔的上升而变化。这里既有暖温带植被又有西伯利亚寒冷地带亲缘植被。海拔800 ~ 1200米是由辽东栎、大叶白蜡、六道木和毛榛等组成的杂木和灌丛；海拔1200 ~ 1500米有元宝槭、山杨、河北杨、白桦、黑桦和杜鹃、丁香、绣线菊等；海拔1500 ~ 1800米则变为华北落叶松、青扦、白扦和辽东栎、元宝槭等针、阔叶林以及土庄绣线菊、三裂绣线菊等灌木；海拔1800米以上至山顶由于风大土薄，形成以金莲花、野罂粟和粟毛茛等草本植物为主的亚高山草甸，是东灵山最著名的景观。

独特的自然景观

由于海拔较高，东灵山的热量带自下而上跨越暖温带、温带、寒温带，天然景观独特，四季有景又景景不同。春季奇峰叠翠、草荣花繁；夏季气候变幻莫测，山间云雾缭绕；秋季野果盈盈、草黄叶红；冬季雪谷挂冰、银峰闪耀。

东灵山顶部是北京地区最高的一级夷平面，由火山岩和火山沉积碎屑岩组成。火山岩是火山喷发产物，常形成火山熔岩、凝灰岩等致密岩石，层厚几米至几十米不等，抗风化能力强，呈夹层状分布于碎屑岩中。火山碎屑岩多为凝灰质粉砂岩、砂岩、砂砾岩，因为岩石结构较松散，易风化剥落，常形成地形坡度缓和的地貌形态。由于差异风化，其两侧碎屑岩多呈平缓的负地形，且风化土层较厚，是亚高山草甸的主要生长区域，而火山岩熔岩则呈拔地而起的岩壁、岩峰等。

东灵山山顶开阔平缓，因为海拔高、温度低，形成以草本植物为主的亚高山草甸，山草山花覆盖着巨大的山场。东灵山虽然方圆只有 25 平方千米，却集高原、草原风光于一体。当地人有句顺口溜，“灵山二千三，山顶是平原；牛羊云里卧，雾从脚底穿”。说的其实就是东灵山亚高山草甸之美。

东灵山以自然风光为主，植被的季相变化也因时而易，秋冬时节常出现雨凇、雾凇和雪凇，夏季山间常出现云海、彩虹，景色秀美；又因为距离北京城区远，光污染小加之海拔高，是北京附近最优质的观星地之一。

天然动植物园

东灵山约有 700 多种动物，其中哺乳动物 40 余种，鸟类 150

多种，昆虫500余种。东灵山是新疆细毛羊、伊犁马、青藏牦牛在北京唯一的天然繁衍养殖场；山里还活跃着松鼠、狐、野兔、山鸡等，林中有野山羊、狍子、野猪等动物。尤为让人庆幸的是这里可见到国家一级保护动物穿山甲、褐马鸡等。高原之舟——牦牛也在此扎根繁衍，形成了独特景观。

东灵山植物种类更是丰富，有800多种。植物的分布随着垂直高度变化和阴阳坡位置改变而不同，例如在海拔900米以下的阴坡以杂灌丛为主、阳坡以荆条灌丛为主；海拔900米以上的阴坡多为自然林，其中以辽东栎林和桦林为主；海拔更高一些的地方长有白桦林和山杨林。

北京最长的河流——永定河

永定河是海河五大水系之一，是流经北京地区最大的河流。其上源为桑干河、洋河，分别源自山西省宁武县管涔山区和内蒙古高原兴和县北山山麓。流经内蒙古、山西、河北三省及北京、天津两个直辖市，自河北省怀来县幽州村东南流入北京市境。永定河由洋河、桑干河和妫水河在官厅附近汇合而成，从官厅水库至三家店的峡谷地段为永定河中游。永定河全长759千米，在北京段内长度有170千米。

永定河是在新生代第四纪更新世后期形成的，经过漫长的地质历史时期，由于西山地壳抬升、流水冲刷切割最终形成永定河

▲ 永定河

▲ 永定河野溪

大峡谷，同时也形成多处山水美景。永定河大峡谷谷地狭深、两壁陡峭，由于两岸山崖岩性软硬不同和地质构造的差异，峡谷呈现窄谷与宽谷相间分布的特征。

沿永定河游览不仅可以欣赏到大河峡谷、还能领略现代河流地貌和深切峡谷的地貌，更可以观察到新构造运动以来地壳抬升的证据。在永定河峡谷，普遍发育有三级阶地，从Ⅰ级阶地到Ⅲ级阶地其高差达 100 米左右，由此可以证明永定河流域在新生代时期抬升的幅度，同时也证明了北京西山地区在新生代抬升的幅度。

站在陈家庄西侧峭立的河岸陡崖上鸟瞰遥望，清澈的永定河水由南向北蜿蜒迂回。开阔的野溪地带，河谷宽达 130 米，河床出现分合状态，中间形成一个半月形的绿洲——河心滩。在永定河河谷两侧，发育有两级平展的河流阶地，Ⅰ级阶地是由全新世冲积物组成的堆积阶地，村落和农田主要坐落在该阶地上；Ⅱ级阶地相对高度 8 米，下部为中奥陶统灰岩，上部为晚更新世薄层冲积物，也称为基座阶地。这两级阶地的存在是本区地壳两次间歇式上升的重要证据。

当永定河在三家店出山后，大量砾石、泥沙和黏土迅速沉积下来，形成永定河洪冲积扇。随着永定河主流河道位置和流向的不断变迁，永定河洪冲积扇在三家店特别是卢沟桥以下迅速发展，最终形成了北起清河、南至大清河，西起小清河——白沟、东至北运河的广阔的永定河洪冲积扇。北京城就坐落在永定河的洪冲积扇中部。追溯北京城三千余年的建城史和八百多年的建都史，北京城就在这片土地上启蒙、发展，其形成和发展与永定河息息相关，从某种程度上说，没有永定河就没有北京城，因此永定河也有北京的母亲河之称。

永定河犹如一条绿色飘带，蜿蜒轻柔地缠绕在西山的群山峻岭中，两岸山势雄伟、山坡陡峻、谷深岸窄，沿途接纳了刘家峪沟、湫河、清水河、清水涧沟、苇甸沟、樱桃沟等水流的汇入，水在峡谷中迂回前进，形成大河峡谷的壮美景色。永定河两岸峰峦叠嶂、岩壁峭立、水流弯曲、碧绿清冽；峡谷内静影沉峰、飞瀑流泉、白杨绿地、云海蒙蒙。四季风光各不相同，春看百花吐芳、蜂飞蝶舞；夏赏树葱水清、蝉噪鸟鸣；秋望层林尽染、红叶漫山；冬观千峰万壑、积素凝华。青山野渡、百里画廊，宜人的景色随处可见。

受流域内干旱、上游拦坝、流域沿线耗水量逐年增大等自然、人为因素的影响，永定河多处早已断流。2019 年国家实施“引黄入京”的跨流域生态调水，通过山西、内蒙古交界处的万家寨水利枢纽向官厅水库引黄河水达 1.9 亿立方米，经过 400 千米长途跋涉后，其中的 9000 多万立方米到达官厅水库后再向永定河下游河道补水；2020 年后还将对永定河山峡段 91 公里河道进行综合治理与生态修复。通过绿化修复、水生态修复等手段，治理后的永定河山峡段将呈现美丽宜人的景致，再现河道清水长流、沿岸绿树连绵的自然山水百里画廊。

参考文献及指导读物

1. 宋春青，邱维理，张振春．地质学基础．北京：高等教育出版社，2007
2. 吴忱．华北地貌环境及其形成演化．北京：科学出版社，2008
3. 张明庆，李春旺．妙峰山山水的由来．成都：四川美术出版社，2011
4. 李春旺．基于乡土资源的中学地理实践活动研究．北京：首都师范大学出版社，2019
5. 苏德辰．地质摇篮——北京西山．永定河．北京：北京永定河文化研究会，2018
6. 北京市地质矿产局．北京市区域地质志．北京：地质出版社，1991
7. 北京市政协文史资料委员会．北京市文史资料精选·门头沟卷．北京：北京出版社，2006
8. 北京市门头沟区政协文史资料委员会．京西寺庙．香港：银河出版社，2006
9. 北京市门头沟区文学艺术界联合会．北京古村落记忆·门头沟．北京：团结出版社，2009

10. 北京市门头沟区地方志编纂委员会 . 北京市门头沟区志 . 北京：北京出版社，2006

11. 北京教育科学研究院 . 义务教育教科书 · 地理 . 北京：中国地图出版社，2015

12. 北京市门头沟村落文化志编委会 . 北京门头沟村落文化志 . 北京：燕山出版社，2008

13. 北京永定河文化研究会，中共北京市门头沟区委宣传部 . 叶良辅 · 北京西山地质志 . 北京：团结出版社，2016

14. 北京门头沟区文化委员会，北京永定河文化研究会，门头沟图书馆 . 永定河文化漫谈（2012）. 北京：团结出版社，2013

15. 北京京西古道文化发展协会 . 京西古道旅游指南 . 北京：中国博雅出版社，2012

16. 人民教育出版社地理社会室 . 地理（下册）. 北京：人民教育出版社，2003

17. 石建山 . 斋堂川军事文化 . 北京：中国博雅出版社，2011

18. 政协门头沟区学习与文史委员会 . 沿河城 . 北京：中国博雅出版社，2015

19. 政协北京市门头沟区学习与文史委员会 . 京西古村 . 北京：中国博雅出版社，2007

20. 政协门头沟区学习与文史委员会 . 沿河城 . 北京：北京金吉士印刷有限公司，2015

21. 政协门头沟区学习与文史委员会 . 京西烧造 . 香港：银河出版社，2004

22. 门头沟区政协文史资料研究委员会 . 京西揽胜 . 北京：北京燕山出版社，1998

23. 门头沟区政协文史资料委员会 . 京西古村 · 琉璃渠 . 香港：银河出版社，2005

24.《中国国家人文地理》编委会 . 中国国家人文地理·北京门头沟 . 北京：中国地图出版社，2016

25. 张亚均 . 中国地质的摇篮——北京西山 . 北京：地质出版社，2019

26. 吴锡浩，蒋复初，徐和聆，肖华国 . 北京西山第四纪冰川遗迹——三十届国际地质大会地质旅行路线指南（T204）. 地质力学学报，2003，9647

27. 苏德辰，孙爱萍，朱月琴 . 探寻古地震的奥秘——古地震遗迹与古地震记录解读［J］. 国土资源科普与文化，2017（04）：4—11

28. 程绍平，陈国光 . 砂岩风化晕厚度在广东晚更新世测年中的应用［J］. 地震地质，1988（04）：109—117

29. 李慷云 . 斋堂川 . 北京：团结出版社，2011

30. 安全山（收录）. 关于灵岳寺的一篇文章 . 永定河 . 北京：北京永定河文化研究会，2016.5

31. 林超 . 北京西山清水河流域自然地理［J］. 地理学资料，科学出版社，1959（04）：19—38
32. 乔秀夫 . 青白口群地层学研究［J］. 地质科学，1976（03）：246—265
33. 乔秀夫，王彦斌 . 华北克拉通中元古界底界年龄与盆地性质讨论［J］. 地质学报，2014，88（09）：1623—1637
34. 侯静，马维，王岐，王然 . 简述辽宁中元古界长城系——新元古界青白口系形成与演化［J］. 地质与资源，2014，23（S1）：12—15
35. 吕金波 . 北京西山新生代古地理环境的演变［J］. 河北地质学院学报，1994（03）：228—235
36. 申健，李瑜瑶，李巧刚 . 北京房山地区泥石流特征分析［J］. 城市地质，2018，13（01）：59—63
37. 贺瑾瑞，郝春燕，张长敏，吴家悦，冉淑红，程素珍 . 北京市门头沟区地质遗迹特征及保护利用建议［J］. 城市地质，2020，15（01）：81—89
38. 贺瑾瑞，南赟，郝春燕，任凯珍，焦润成，张玲玲 . 北京市重要地质遗迹资源及其形成［J］. 城市地质，2015，10（S1）：261—268
39. 吕金波 . 简述北京永定河沿岸的地质背景［J］. 城市地质，2012，7（01）：4—7

40. 王长松 . 北京沿河城军事历史地理研究［J］. 中国地方志，2009（10）：59—63
41. 尹钧科 . 关于《北京郊区村落发展史》研究浅说［J］. 北京社会科学，1997（03）：68—74
42. 风水宝地——爨底下村［J］. 小城镇建设，2015（01）：14—15
43. 安康 . 爨底下村［J］. 中国农业信息，2013（19）：39—41
44. 葛亮，余雪悦 . 北京门头沟爨底下古村落国家历史文化名城研究中心历史街区调研［J］. 城市规划，2013，37（05）：97—98
45. 孙克勤 . 灵水村古民居［J］. 北京档案，2005（08）：46—48
46. 安宏清 . 京西古村落——灵水［J］. 北京档案，2013（02）：45—46
47. 潘云唐，冉丽梅 . 叶良辅［J］. 中国地质，1987（11）：32
48. 毛智周，李好 . 北京西山何处寻——西山地理范围的历史考察［J］. 北京档案，2017（12）：44—47

图书在版编目（CIP）数据

漫步西山 / 祝子晖，李春旺编著. —北京：中国工人出版社，2021.3
（北京人文地理丛书）
ISBN 978-7-5008-7525-3

Ⅰ. ①漫… Ⅱ. ①祝… ②李… Ⅲ. ①山－介绍－门头沟区 Ⅳ. ①K928.3

中国版本图书馆CIP数据核字（2021）第037019号

作者简介

祝子晖，北京市门头沟区教师进修学校地理教研员，中学高级教师，北京市骨干教师。曾获得北京市实践活动优秀指导教师、北京市优秀辅导员及义务教育均衡发展国家级评估优秀工作者等荣誉称号，多次在国家级、市级的各类教学评比中荣获一等奖。
李春旺，北京市门头沟区教师进修学校地理教研员，中学正高级教师，北京市特级教师。曾获得全国优秀中学地理教育工作者、北京市优秀教师等荣誉称号。

漫步西山

出 版 人 王娇萍
责任编辑 王 宁
责任印制 黄 丽
出版发行 中国工人出版社
地　　址 北京市东城区鼓楼外大街45号 邮编：100120
网　　址 http：//www.wp-china.com
电　　话 （010）62005043（总编室）（010）62005039（印制管理中心）
（010）62379038（社科文艺分社）
发行热线 （010）62005996 82029051
经　　销 各地书店
印　　刷 三河市万龙印装有限公司
开　　本 880毫米×1230毫米 1/32
印　　张 10.5
字　　数 188千字
版　　次 2021年4月第1版 2021年4月第1次印刷
定　　价 78.00元